高校中退父さんのみるみるお金が増える不動産投資の授業

不動産実務検定講師
不動産投資家育成協会認定講師
成田 勉

みらいパブリッシング

はじめに　５００万円の投資が10年で6倍に

不動産投資は、買った価格より値下がりしても儲かり、資金を利回りによって爆発的に増殖できる――、これが大きなメリットです。

５０００万円のマンションを、利回り12％で割安に買ったとします。自己資金は７～10％が平均的な金額ですから、５００万円足らずです。それでも、家賃収入は年間６００万円になります。

融資は30年で１％で組むと、返済額は年約１９４万円になります。返済がいちばんの出費ですが、返済比率は40％を切っています。これに、管理費、空室など織り込んだ経費を家賃収入の25％とすると、１５０万円です。

税引き前の手残りは２５６万円（←税引き前キャッシュフローと呼びます）。自己資金を最大の10％＝５００万円としても、自己資金利回りは51・２％！という高利回りになります。

一般的に「５００万円投資したら年利51・２％も出る想定」なんていう投資話があれ

ば、十中八九詐欺ですよね。しかし、不動産投資は実物投資なので、詐欺ではありません。

2年後に、回復した自己資金で同じ規模の次の投資ができるようになります。その裏に5000万円の借金が隠れているという人もいるでしょう。しかし、それは違います。不動産投資は、お金が不動産という実物に入れ替わっていて、長く経営するほどストックが溜まります。10年後に借金は3500万円を切っています。

その10年後にマンションがどれだけ値下がりしているでしょうか。1割なら4500万円、2割なら4000万円、10年に2割下がっても、そのマンションを売却すれば500万円の手残りを得られます。

これを現金で買えば、5000万円のものが10年後には4000万円に値下がりし、1000万円損したことになります（借金を返さない分、キャッシュフローは増えますが……）。**融資を受けて実現した不動産投資は、値下がりしても儲かる**という不思議な現象が起こります。

そして、500万円の手残りに10年分の税引き前キャッシュフローの合計2560万円を足すと、合計3060万円となります。

500万円の投資が試算上10年で6倍になって、確実性が高く詐欺ではない投資は、ほかにあるでしょうか。なかなかむずかしいと思います。

本書は、その不動産投資のメリットを、僕がどうやって実現してきたのか、具体的な手法、特に初心者が軌道に乗るまでについてまとめました。

僕はいま、不動産投資家として多くの手法を実践し、現在までの総投資戸数は140戸ほどになっています。大家としては8棟100戸ほど。家賃年収は年間9000万円ほどになり、税引き前キャッシュフローも年間3000万円ほどを生み出しています。また、講師として岡山、東京、広島、北海道など、多くの不動産関連企業のセミナーに呼ばれるようになり、名古屋では大家の勉強会を組織できるようにもなりました。

決して優秀とはいいがたい僕でも実現できたことです。ぜひ、みなさんも参考にしてください。

2018年1月

成田　勉

高校中退父さんのみるみるお金が増える不動産投資の授業・もくじ

はじめに

第1章

大家はお金持ちがなる職業だと思っていませんか？

第2章

僕でも成功した8つの資産形成ルール

第3章

300万円からはじめる不動産投資

第4章

初めての物件を買ってみる

第5章

2棟目、3棟目……の複利を体験する

第6章

大家として「家族」という資産を活かす

第1章

大家は
お金持ちがなる職業だと
思っていませんか？

大家はお金持ちでなくても
なれる職業です！

「大家さん」。この言葉を聞いて、みなさんどのようなイメージを持たれますか？　多くの人は、「自分の所有する土地にアパートやマンションを建て、その家賃収入で暮らしている優雅な人」というイメージを持っているでしょう。

たしかに、日々の生活に汲々としているようでは、大家になることはできても、大家を続けることはできません。

いま、「大家さん」と呼ばれる人は、本当の大金持ちではなくても、それなりに資産を持ち、家賃という収入を得て、平均的な日本人の生活よりは優雅な暮らしをしている人がほとんどです。

大家さんは本当に裕福なの？

日本人を、おおまかに「資産を持っている人」と「資産を持っていない人」に分けるとしましょう。大家は明らかに「資産を持っている人」に分類できます。

今度は、日本人を「高い収入の人」と「低い収入の人」に分けるとしましょう。大家には高収入の人もたくさんいますが、それほど高い収入ではない人もいます。

単純計算をしてみましょう。家賃5万円、全10室のワンルームマンションのオーナーがいるとします。家賃収入は毎月50万円。管理を業者に丸ごと委託し、その委託費用が家賃収入の6％として毎月3万円。正味の家賃収入は47万円です。年間にすると、家賃収入は564万円。一般的なサラリーマンと比べて少ないとはいえませんが、「多い！　お金持ちだね！」といえるほどの金額ではありません。

その家賃収入をオーナー自身がまったく働かず得ているかというと、そうともいえません。満室を維持するため、不動産の賃貸仲介会社に入居者募集の案内をしてもらったり、管理会社と家賃を滞納する人の対策を相談したりするケースも多々あります。もちろん、修繕やリフォームのことも考えないといけません。先に示した単純計算のように、何もせずに家賃収入が入ってきて、ホクホク顔でいられるわけではないのです。

たしかに、現在も大家を続けることができているオーナーは、端《はた》から見れば裕福に映るかもしれません。しかし、最初から裕福だったわけではありません。多くの大家は、がんばった結果として裕福なのです。不動産投資のリスクを抱えつつ、それを乗り越えてきたからこそ裕福なのです。

たしかに、大家には裕福な人はたくさんいます。しかし、最初から裕福だった人はもともとの大地主の子息など、限られています。最初はみんな生活が大変でした。決して最初からお金持ちであったわけではなく、みな、知恵をしぼったからこそお金持ちになったのです。

ですから、これから不動産投資をはじめようとする最初の段階で、「わたしにできるだろうか。お金持ちの人じゃないと、無理だよね」なんて、怖じ気づかないでください。学歴もなければ、優秀なサラリーマン生活を送ったわけでもない、さらに、もともと資産家の家系に育ったわけではない僕にも実現できたことです。

心配しないで、入口で悩んでばかりしないで、思い切って不動産投資生活に飛び込んでみてくださいね！

僕の経歴を少し紹介しましょう

僕はいまは大家として8棟100室（戸）のアパート・マンションを経営し、土日はおもに不動産投資関連のセミナー講師をやっています。

でも、スタートから順風満帆だったわけではありません。子どもの頃から「家を出たい」と思っていて、地元の水産高校に入ったのも、遠洋漁業船の実習船に乗って無料で海外旅行に行けると思ったからです。

ところが、入った寮でイジメに遭った。30年以上前のことですが、当時はそれなりに心の傷でした。それで結局、その高校を退学。その後、飲食店に勤めたのですが、3か月ぐらいしか続かずフリーター生活です。学歴としては中卒ですから、それがまったくハンデとならなかった、思わなかったかといえばウソになります。

そして21歳の頃、「このままじゃダメだ」と思い、ふつうに就職しました。産婦人科を中心に回って貸しオムツを届けている会社でした。仕事は配送がメインですが、そこで注文をとることも多く、何回かその会社のトップ営業マンになったこともあります。

「その会社でがんばっていきたい」と、一生懸命にやっていました。ところが、25歳のとき、肩を脱臼して、有休がたくさんあったので上司に「しばらく休みたい」というと、上司は「這ってでも出てこい」と。腕を吊って会社に行ってみると、罰則で給料が半減していたのです。

結局、真面目に勤めようと思って入った会社でしたが、25歳のときに退職し、「2年以内にゼッタイに何か起業して辞めてやる」と、27歳で起業しました。ISDNの回線販売営業の会社を設立し、時流を受けて業績を伸ばし、その後、その会社を売却。子どもに関わる仕事がしたいと認可外の保育所をつくり、その時期に不動産投資をはじめて今日にいたります。

じつは親がアパート経営をやっていて、いま、その管理を弟がやっています。僕は、それとはまったく離れたところで不動産投資ビジネスに取り組んだのです。

僕が投資家として成長し大家になれた理由とは？

学歴のない僕でも不動産投資をはじめて5年、10年と経っていくうちに、投資するだけでなく賃貸経営して大家と呼ばれるような存在になり、年間9000万円ほどの家賃収入を得られるようになりました。そのような生活ができるようになった人と、そうではない人では、何が違うのでしょうか。ここでは、その素朴なところを列挙してみましょう。

お金を貯めるのが好きだった

子どもの頃から貯金が好きでした。小さい頃なら母親からもらったお小遣い、祖父母からのお年玉、大人になってからはサラリーマン時代やアルバイトの給料の貯蓄。給料天引きの財形貯蓄というものもありました。お金が入るとパーッと使ってしまうより、コツコツ貯めることが好きで、貯まることに安心感を覚えるような性格でした。

これは、取るに足りないことと思うかもしれませんが、不動産投資を貯金ゼロ円からはじめるのではなく、一定の貯蓄をもってはじめることで安心感が得られました。また、それは、やがて融資を受けられるようになったときにも、喜びとともに背負ったリスクを肌で感じ、返済しなくては！　と思うことにもつながっているように感じます。

もちろん、こうした貯蓄だけでなく、基本のところで投資全般に興味もありました。そう簡単に勝てない世界、むしろ負けるほうが多い株とかFXもやってきました。また、長い目で見て増えそうな投資信託やアメリカのリート、資源系のファンドもやってきた。アメリカ国債の割引債にも投資しました。

僕がそうした金融投資をはじめた、いまから20年以上前は、利回りが6％近くある金融商品がいくつもあり、お金が一定額以上あると、「お金がお金を生む」ということも実感しました。

自分にとって筋の通らないことはイヤだった

高校時代は、イジメに遭いました。その遠因として、自分には先生にも級友にも、いわゆる〝長いものには巻かれろ〟と単純に迎合することをよしとしない気持ちがあったように思います。サラリーマンをしていたとき、棚にしまっておいたカップラーメンが上司に勝手に食べられてしまい、「断りもなく食べるなんて、一言いうべきだろ！　筋が通らないんだよ！」と怒ってしまったこともあります。

とても卑近な例ですが、そのような性格は一人でもできる不動産投資という仕事に合っていたのかもしれません。もちろんそれは、不動産の管理会社に対して、委託管理料に見合った業務内容にしてもらう交渉につながっているようにも思います。

親の生活を自分なりに見て、考えていた

僕の親は、名古屋でアパート経営をやっています。「うちがよそさまよりほんのちょっ

とだけ豊かに暮らせるのは、アパートがあるおかげだよ」と聞いていました。

親は子どもにお金の話をするのは、はしたないと考えていたようですが、僕は親のやっていることを観察するのが好きでした。でも、次男坊なので、いまの賃貸経営は二代目ではなく初代感覚でやっています。

自分の家族に金銭的な負担をかけたくなかった

僕は高校を中退し、その後もいくつかの職につきながら、いまがあるわけです。どうしても、周囲によけいな迷惑をかけたくない、という思いは人一倍あります。結婚したとき、母が共働きで家におらず、妻が家にいる状態が希望でした。

不動産投資をはじめた当初、妻は大反対でした。「人の家のために借金するなんて、とんでもない！」と。でも、それは普通の反応だと思います。のちほど書きますが、金額が大きいので不動産投資は最初のうちは家族に反対されやすい投資なのです。

つい最近もアパート購入で反対されている方の相談がありました。でも、その反対者は、あなたことを心配してくれているから反対するのです。反対する人が現れたときは、いったん冷静に考えてみて、その反対する人と一緒に勉強するといいですね。自分の考えている事業計画と意志の強さが正しいのであれば、きっとわかってくれるものです。

仲間を大事にしたいと思っている

不動産投資をはじめる前から、「わからないことがあったら、また知りたいことがあったら、早合点せず、詳しい人に聞く」という気持ちを大事にしていました。僕の住まいの近郊に日本一の投資家と称されるような方がいて、手紙で「お話をうかがいたい」と打診したうえで、その方に「投資においては、どういうことが大事なのか」といったことをうかがったこともあります。

また、関連する書籍もよく読みあさります。不動産投資だけではなく、マーケティングのことが知りたくなったら、一流のマーケッターがまとめた本、相続や資産運用のことが知りたくなれば、その関連書籍……と、学校は早めに〝リタイヤ〟しましたが、自分の仕事や生き方に直結する、自分が納得できる勉強は好きでした。

いまは、不動産投資、アパート・マンション経営に関わる〝大家仲間〟がたくさんいます。そういった仲間との交流は何より仲間づくりのためであり、自分が行っている不動産投資の見識を深めるためであり、また、自分の不動産投資の経験を少しでも多くの人に伝えることができれたら、という思いがあってのことです。

間取り図や物件情報が大好き!

多くの大家仲間と共通したことですが、僕でも大家になれた理由を補足すれば、「間取り図や物件情報が大好き!」ということもあるかもしれません。チラシやネットの物件情報はどれだけ見ていても見飽きません。〝萌え〟てきます。きっと鉄道オタクやアイドルのおっかけのように、大家仲間はみな〝物件オタク〟なのかもしれません。

僕の住んでいる中京地区で、どの投資物件がいくらで出されているかは、ほぼわかります。仲間内で「アレは買いだな」「○○さんはマズイ物件に手を出しちゃったかもしれないな」……、僕の周辺では、そんな情報がよく飛び交っています。

不動産投資も他のことと同様かもしれませんが、きっと「好きこそものの上手なれ」なのかもしれませんね!

どんな人にもある「瞬間的に跳ね上がるとき」を大事に

人は誰でも、「グンと瞬間的に跳ね上がるとき」があるように思います。とくに自分で事業をやっていると、うまく行くときは瞬間的に跳ね上がる感覚があるのです。

僕は27歳で独立起業して最初の半年ほどはホントに苦しい生活でしたが、一年前後ぐらいで軌道に乗り、一年半か二年後ぐらいには、勤めていた頃の9倍ぐらい稼いでいる感覚がありました。その実感をお金で感じたかった僕は、27歳で独立したときの貯蓄約300万円を1500万円くらいにはしたいと思ったのです。

当時の僕にしてみれば、それぐらい貯められたらけっこう安泰だと思いました。たしかに、事業が軌道に乗りだすと貯まってきます。けれど、これで安泰かというと全然安泰じゃない。そういう理由もあって、33歳のときに事業を買ってくれる人に譲り渡しました。安泰ではないけど、お金はある――、その前後の時期に、前述のようにいろいろな投資をしました。株、投信、国債……。それらを貯蓄した結果、リーマンショックの前ぐらいまでに1・8倍ぐらい、6800万円になりました。その頃は、不動産投資はじめる前でしたが、まず自己資金と800万円ほどのローンで家を建てることにしました。

30代の頃、漠然と感じていた不安感

35歳のときです。「やはり何か仕事しなくちゃ」「何かまた事業がやりたい」と思い、子どもが小さかったこともあり、認可外の保育所をはじめることにしました。

でも、これまでのようにはなかなか単純には儲からない。「ひょっとしたら、下りのエスカレーターに乗ってしまったかも?」と感じました。認可外の保育所をはじめた最初の年は120万ぐらいの赤字申告だったと記憶しています。

やがて軌道に乗ってはきたのですが、一方で、認可外ということで行政からはまったく味方してもらえず、行政のやっている認可保育園に子どもを奪われる一方で、まったく安

定していない状態でした。「たとえ数年はやっていけても、10年、20年単位ではむずかしい、家族を食べさせていくなんて無理だ」と思って、そのときに考えたのが、不動産を買って貸すという仕事でした。

まず手始めに、自宅の敷地があまっていたので、そこにガレージをつくって貸した。それが不動産投資のスタートです。

サブプライムショックを乗り越える

2007年にサブプライムショックがありました。その年の3月か4月、僕が投資しているファンドなどの金融系の投資が一月で400万円ぐらい跳ね上がったことがあったのです。ちょっと気持ち悪いですよね。「やったー!」と素直に喜べなくて、「ゼッタイおかしいぞ」と思いました。

バブルがはじけるとき、最後の最後にピンと資産価値が跳ね上がるときがあります。

「その現象かもしれない。それは僕にとっては、400万円もすぐ値下がりしてしまうっていうことなんだよな」

と思いました。増えたからこそ、逆に言えば、そのときに変動の少ない資産に変えたかった。それが不動産ということです。

そこで、北海道に３８００万円の学生アパートを見つけ、キャッシュで買いました。そして、８月にサブプライムショックが起きた。その翌年がリーマンショックです。

北海道の物件から本格的にはじめた不動産賃貸業生活

35歳で北海道の学生アパートを購入する前、自宅の一角にガレージをつくって賃貸をはじめ、次はワンルームの区分所有物件を買って、6〜7年賃貸して売却し、その次は３ＬＤＫのファミリーの分譲マンションを買って、これも7年ほど運用して売却しました。

僕が北海道の３８００万円のアパートを買った時期は、自宅ガレージ4個と区分所有のワンルームとファミリータイプ1戸（室）ずつがあったことになります。

当時、北海道はとにかく利回りが高い物件がたくさんありました。表面利回り28％といった高利回りです。名古屋だと10％ちょっとが平均的ですから、雲泥の差。その頃の僕の貯蓄の状況は、「３８００万円なら、貯金をかき集めれば買える！」という状況でした。

当時は、いわば貯金がある個人事業主。一時期は稼いでいたものの、確定申告自体は赤字にならない程度の申告です。そんな申告書を出しているのに、銀行に「貸してください！」といっても貸してくれるはずがありません。

いくつかの銀行を回りましたが相手にされず、ちょっと意地になるように北海道で不動産投資を進めたことになります。3800万円の学生アパートを買ったあとに、同じ北海道でファミリータイプ4戸のアパートを800万円で購入しました。

結局、銀行が融資を引き受けてくれたのは、北海道の不動産投資のあと、名古屋市の中川区にアパートを建てて賃貸業をはじめたときです。銀行もそれまでの実績を初めて認めてくれました。その要因は、やってきた不動産投資が満室で黒字であり、後述する「事業的規模」になっていたということです。単純に「稼働率が高い」ということが僕のようなタイプの人間には必要だと感じました。銀行の融資担当者は、

「アパートに入居者、どれだけ入ってます？」

と家賃一覧表を見ます。ですから、僕はいまも決算書、月々の試算表、家賃一覧表、入居率の推移、融資返済表などを提出するようにしています。

なぜ、不動産投資がいいのか
なぜ、大家がいいのか

現在、僕は50歳を越え、おそらく平均的な人よりも十分稼いでいます。大家になれたのも、とにかくチャレンジ、勝負せざるを得ない人生だったからできたことです。

振り返ると、危機感が重要な武器になったことは事実です。危機感、この先どうなるかわからない不安があるからこそ、お金を貯める。資産がお金に変わり、そのお金が貯まっていく実感があるから「殖やしたい」と考えるのです。

お金がないこともポジティブにとらえよう！

もともと僕は大家業をはじめる前に通信回線の販売のビジネスをやっていました。そのとき心に決めていたことの一つに、**ビジネスで借金はしない**ということです。常に「お金を使わなくてもやれる方法」を考えていたわけです。お金があることに甘えず、知恵を絞らなきゃいけない、ということです。

不動産投資も考え方は同じです。はじめるときに、お金があるほうが有利なことは明らか。お金を貯めることのできる体質でないとできないことも明らかです。

しかし、眼の前にお金が十分にはなく、銀行から借入れができる条件もない。でも、はじめたい……、すると知恵を絞らざるを得ないのです。

だからこそ、**お金がないことをポジティブにとらえる**ことも大切です。不動産の購入なら、安い物件を買う、とりあえず安い物件を購入して転貸できる方法を考える、民泊のような方法はないかと調べてみる……いろいろと知恵の絞りようはあります。

不動産投資は本来なら、千万単位の手持ち資金があり、千万単位の融資を受けることができれば、問題なくはじめられます。でも、それができないのであれば、工夫しなければなりません。

不動産はお金と資産が入れ替わっている実感がある

不動産が他の投資と異なる大きな利点は、**物件という資産がお金に入れ替わっていく、資産がお金を生んでいく**という実感が持てるところです。

たとえば、僕が「イタリアンのレストランをはじめたい！」と思い、什器備品に3000万円くらいをかけて開業したとします。でも、うまくいかなくて、1年後に閉店になれば、什器備品の資産価値はきっとゼロ円でしょう。税法上の償却が残っていて、財産評価としてはいくらかあるとしても、実質的な資産価値はゼロです。

ところが不動産投資では、資産価値は相場で決まり、銀行評価のしくみに沿った担保価値も見込めます。冒頭に示したように単純にゼロというわけではなく、むしろ一定の手残りのお金を生んでいる。まさに「資産とお金が入れ替わっている」実感があるのです。

これからの時代は学歴ではなく「マネーリテラシー」が必要な時代

僕が高校に通っていた頃、まだ、学歴偏重の考え方が色濃く残っていたように思います。でもいまは、**学歴の有無に関係なく、がんばって成果を上げる人がたくさんいます。**優秀な大学に通い、大手企業に勤めることが、その後の成功を約束するスタートラインともいえないような社会になってきたのです。

みなさんも、周囲を見渡してみてください。若い人のなかに、立派な学歴の持ち主なのに、学歴などに目もくれず、自分の思う道を邁進しているような頼もしい若い人も増えているように思いませんか。

要は学歴を大事に思うかどうかは人それぞれで、**学歴のない人も自分を信じてがんばれば、それに報いてくれる社会になりつつある**ということです。多様性なんて大げさなことをいうつもりはありません。学歴に偏らず、いろいろな考え方・選択のしかたがあってい い――、そういう社会になりつつあるということです。

しかし、そんな社会だからこそ、重視したい考え方もある。一歩先が見えない、読めないような社会だからこそ、ぜひ身につけておきたい知恵があるように思います。それが、「マネーリテラシー」と呼ばれるものです。

マネーリテラシーとは、お金の稼ぎ方・使い方の知識や知恵

マネーリテラシーとは、お金の知識、すなわちお金の稼ぎ方・使い方の知識や知恵と考えてもらってよいでしょう。

人は霞を食べて暮らしてはいけません。何かをやってお金を稼がないと暮らしていけないのです。また、損するばかりの使い方をしていると、やがてなくなってしまうのもお金です。僕は、そのことを不動産投資をはじめ、株やFXなどの投資で実地に学んできたように思います。もちろん大損したこともあり、大儲けしたこともあり、小商いに甘んじたこともあります。そうした経験があったからこそ「お金は大事だよ。マネーリテラシーが

欠かせないよ」と強く感じています。

十把一絡げにいうことはできませんが、高所得の一部の人ほどお金に対する見通しが甘く、不動産投資でも身のほどをわきまえないようなことをやってしまうケースがあります。無茶な物件に手を出したり、不動産業者の甘い言葉にそそのかされたりするようなこともあるのでは？　という気もします。

だからこそ、これから社会に出るような若い人は、勉強ができなくても、成績がよくなくてもいいから、マネーリテラシーだけはしっかり身につけるようにしてください。

「むずかしく考えない」のがマネーリテラシー

マネーリテラシーを身につけるには、単純に「わかりやすいお金に換算して考える」ということでかまいません。**僕はマネーリテラシーが学歴よりも大事だと考えています。**

たとえば、4000万円の2割というと、800万円と、すぐ計算できる人がほとんどでしょう。では、4300万円の2割は？　きっと、すぐ答えの出ない人もいるかもしれません。そのとき、4300万円の1割は430万円、2割だから430万円が二つで

860万円と考えられれば、よりわかりやすいわけです。

不動産投資の分野でも、高学歴の人が失敗するケースが増えているようです。「なんでかな？」と思うと、あまり悩まずに不動産業者の勧めるままに購入してしまうからかもしれません。融資も、高学歴で大手に勤めているなら、より受けやすい。貧乏だとそうはいきません（失笑）。利回り5％でも、新築のシャレたマンションの区分所有で「いいかも？」と思ってしまい、金利3％くらいで全額融資を受けて買ってしまうわけです。

利回りと金利の差額を不動産投資では**ギャップレート（収益還元率）**という言い方をしますが、その投資は、ギャップレートが2％しかない。実態として、それでは維持するのが精一杯で、ほとんど儲かりません。本来なら、利回りを上げたり金利を引き下げたりする方法を模索したり交渉するわけですが、きっと忙しいからそれもせずにすごしてしまう。そうしたことが重なって、失敗してしまうのでしょう。

竹田和平さんとの出会い

前述した「ご近所の偉大な投資家」というのは、竹田和平さんのことです。竹田さんはタマゴボーロで有名な竹田製菓の創業者であり、「日本一の大株主」と呼ばれていた方です。マネーリテラシーに関連する話として、あらためて紹介しましょう。

自宅が近所の竹田和平さんとお話しする機会があったのは、僕にとって印象的な出来事でした。何もお金の稼ぎ方や注目株について、耳打ちしてくれたわけではありません。でも、話のなかから、**株式の配当、すなわちインカムゲイン**を大事に思っていることのほか、株主となっている会社の社長と会うときも、次期の業績を約束してもらうことなどの重要性、再投資の大切さ、地方のキラリと光る小さな会社を自分で見つけてくる情報収集の大切さなどを感じることができました。

そのとき、「自分の身の丈を自分自身で理解し、身の丈を外さないことをやっていると、失敗しないんだな」と感じたのです。株式投資でも他の分野でも同様でしょうが、不動産投資のマネーリテラシーにも似たような面があります。身の丈に応じた取り組みをするというマネーリテラシーがあるのです。

よくわかっていないむずかしい計算式を使って説明されて、**わかった気になるのではなく、わかる範囲で理屈が成り立っているかで判断する**――、それが**身の丈に合ったマネーリテラシー**だと考えています。

お金のこと、すなわち稼ぎと儲けのことは親がしっかり教えよう

不動産投資家のバイブルの一つに、『金持ち父さん・貧乏父さん』（ロバート・キヨサキ著）があります。高学歴なのに収入が不安定な父親と、学校を中退したのち億万長者となった親友の父親。二人の父親にある差はどのようなことから生まれるのかを詳述した書籍です。

それはまさに学校では教えてくれなかった「マネーリテラシー」で、僕もその内容に感銘を受けました。「これからは、単に学歴が高いということが大事ではなく、それ以上にマネーリテラシーが重要なんだ」と。

『金持ち父さん・貧乏父さん』では、不動産投資によって資産がお金を生む手法が語られています。その手法はまさに、貧乏父さんが選ぶ道というべきものです。そして、その手法は子育てにおいても、早い段階でお金のことをきちんと理解させておくことが大事だということを教えてくれています。

子どもの頃は、まず、おつりを確かめることが大事でしょう。また、小学生くらいにな

れば、商品にはもともとその商品をつくるためにかかるお金（原価）があって、そこからいろいろな人や業者の仕事（利益）を乗せていって、僕たちが買う価格（販売価格）になっていることを知っていることも大事です。

さらに中学生くらいになると、金利という考え方や銀行はどうやって稼いでいるか（預貸や手数料）なども理解していて損はありません。そして、いまの僕のように資産に稼いでもらうといった考え方のほか、負債とか掛け商売といったことの理解も大事になってきます。

僕にはいま大学生の息子と中学生の娘、二人の子どもがいますが、折りに触れてそういう〝大人のお金の事情〟を伝えました。

いま、学校教育でも小学生は小学生なりに「マネーリテラシーを身につけよう」といった教育は、僕が子どもの頃よりもなされているようです。かつては子どものお金の話をするのは「はしたないこと」といった見方もありましたが、いまではそういう見方もだいぶ薄らいできているのかもしれません。

語彙力のある子に

マネーリテラシーとともに、自分の子、また僕の営んできた認可外保育所の子どもを見て、「語彙力の高い子に育てることも大切だ」とあらためて思います。語彙が豊かということは、表現力が豊かということです。それが結局はコミュニケーションの基礎ともなってきます。とかくコミュニケーション不足といわれるいまの時代、喜怒哀楽はもちろんのこと交渉・説得においてもコミュニケーション力の有無が問われています。

僕の子に関していうと、幼い頃、親子でしりとりをしてよく遊びました。飽きてくると「次はしりとりじゃなくて、〝あたまとり〟に変えてみよう！」などと、言葉の頭の文字をつなげていく遊びを延々と……。そういう子どもの頃の言葉遊びが大人になっても影響しているように思えます。

また、少し大きくなると、やりたいことがあったときに、頭ごなしにダメといったり、怒り出したりするのではなく、お父さんの考えではこういう理由があって反対だと父の意見を話します。理由を説明することも理解することも、まさに語彙力がものをいいます。

息子がピアスをしたいといったことがあったとき、「体に傷がつかないように大切に育てたのに自分で傷を入れるオシャレは、お父さんもお母さんもイヤだから反対」と話したことがありました。髪は金髪で大学祭（三田祭）のチャラ男選手権に出る子ですが、おかげでピアスはしていません。

大家業に就くと、同世代のサラリーマンより格段に家にいる時間が多いもの。そのなかで育児をする場合、好むと好まざるとにかかわらず、今風にいうとイクメンになるわけです。ならば、それにふさわしい親子・家族になろうと――。〝会話の絶えない家族〟でありたいと思い、そのなかで子どもを育ててきました。でも、きっと息子は理屈っぽい父親と思っているはずです（笑）。

第2章

僕でも成功した8つの資産形成ルール

ルール1

高学歴に信用がない時代だからこそ稼ぐ技術が大切

最近、「高学歴＝信用がおける」かというと、「そうでもないな」と思う場面をよく見聞きします。とくにこのところ、政治経済の犯罪などのニュースを見ていても「せっかく立派な大学を出たのに、何やってんだよ」と思うような出来事が目につきます。「信用って、そんなもんじゃないだろ」とも思うのです。

信用とは正しく稼ぐこと

では、どういうことが〝信用〟なのでしょう。それは、**正しく稼ぐ**ということではないでしょうか。**セコい稼ぎ方やずる賢い稼ぎ方をしていると、人から信用されない**ということとです。

僕が20代で、ある貸しオムツの会社に勤めていたとき、全国で50名ほどの営業マンのなかでトップになったことがありました。特段、何か優れた営業スキルを発揮できたわけでもありません。産婦人科を窓口とした営業で、会社が売ってこいという商品を訪問販売よろしく時間のないなかで売っていました。

そういった仕事をしながら得たことは、**泥臭いと思うようなことでも、筋を通してやっていけば報われる**ということです。そして、「ただ、販売するだけではなく、何らかの価値をつけることで信用される」ということです。

ここでいう「何らかの価値」とは、「○○産婦人科の妊婦さんにご利用いただいています」というアプローチや「オムツを当てるときに大事なこと」などを産婦人科で伝えていたことでしょう。

ただ、たくさん売れても、まったく給料は増えない！　普通ならバカバカしくなりますよね？　でも、当時の僕は会社に貢献できることがうれしかったのです。

どんなことでも一工夫すれば、それが顧客・得意先にとっての選択のポイントになる。常に「お客さんにとっては何が喜ばれるのだろう」といいかえてもいいように思います。

それが正しく稼ぐことにつながるのです。

いまの不動産投資生活のなかでも、多くの物件は管理会社に頼らず、日常の管理は自主管理にしています（ただし、遠方の物件はそう単純にもいきませんが……）。それも結局、物件のオーナーとしてかかるコストを抑えられれば、入居者にとってはメリットになるからです。そして、こちらも余分（といっては言いすぎかもしれません）なお金を出さなくてもよいことになります。

きっと、どんな商売・商品でも同じです。余分なお金をかけずに稼ぐことができれば、それがお客さんにとっても安く手に入れることにつながり、いちばん喜ばれることなのです。そうであってこそ、自分も稼ぐことができる、と考えています。

僕にとってのお金の稼ぎ方・使い方

どんな子でもお金に関心があれば、小さい頃からお小遣いを稼ぐことに知恵を働かせるものです。鉄くずがあれば、なにか掘り出し物がないか探してみたり、世間のルールに縛られずにいろいろとやってみるのです。

貯めるということについても、僕は小さい頃から郵便局の貯金もよくやっていました。お金が貯まるということが好きだったのです。いまにして思うと、当時は利息も高かった。郵便局の定期預金に積んでいけば、子どもでもお金が貯まっていくことを実感できたのです。いまにして思うと、「利息（利回り）が高く、それが実現されれば、それだけでお金がお金を生んでくる」ということが理解できたのです。

ところが、社会人になると、多くの人がそれまでにない金銭感覚にとらわれます。働いていなくて小遣いが数千円の頃から、急に10倍くらいの小遣いになるのですから、勘違いする人も出てきます。持ち慣れないお金を持って、つい使ってその金銭感覚に慣れてしまうのです。

社会人一年生のこの時期、お金に対してどのような対応をするかで不動産投資に馴染めるかどうかが変わってきそうな気もします。バーッと使ってしまうタイプの人は散財するリスクはあるけれどお金持ちになる可能性もある。一方、ちょっとこらえて堅実に貯められる人は、同じ投資分野でも不動産投資に向いている――、そんな感じです。

僕はいまは、銀行の普通口座にはあまりお金を入れていません。いくつもの銀行に口座がありますが、少し貯まると定期積立などにしています。ぜんぶかき集めると、夫婦で

1億数千万円にはなるでしょうか。それこそ数十年、コツコツとお金を貯め、カンタンには引き出せないようにした結果です。

イザ一億の物件を買おうと思うと諸費用だけで一000万円弱の出費ですし、屋上防水や外壁塗装で数百万円は使いますから備えているわけです。

ただ、世間でお金持ちといわれる人は、みなさん、似たようなところがあります。仕事に使うお金はドカンと使っても、常に豪遊するお金をいつも持ち歩き、実際に手持ちで持っているわけではないのです。地主さんなども同様です。

だから、世間の基準でお金持ちに間違いないという人でも、本人はお金持ちとは思っていません。僕の生徒さんには毎月400万円積金して「お金がない」という地主さんもいました。お金の制限は普通の人より自由だけど、無駄遣いが幸せとは限りません。ただ、普通よりお金があっても金持ち感はそんなにありませんが、本当に貧乏でお金がないというよりずっと幸せです。

ルール2 まずは商売をゼロから立ち上げなさい！

どうやって不動産投資生活をはじめるか。「はじめ方」といってもさまざまで、サラリーマンとして勤めるかたわら、副業としてはじめる人もいるでしょう。まずは大きなお金や土地が必要とされないマンションの区分所有からはじめる人もいるはずです。

不動産投資をはじめる人の実情を見ると、「初期のいわゆる軍資金、タネ銭として1000万、2000万円のお金を用意しておいたほうがいい」というのも事実です。しかし、現実にそれだけのお金を確実に貯めることができるのは、優秀な大学を出て、それなりの大手企業などで10年、20年勤めてきた人ではないでしょうか。僕は違いました。

一方、「頭金ゼロからはじめられます！」と謳っている投資物件の仲介不動産業者の広告や書籍も見かけます。それも、事実だとは思います。でも、実態は、本当に限られた人だけにできることだとも思います。

そのように考えると、僕のようなタイプの人は、まず、商売をゼロから立ち上げて、ビジネスを展開するということはどういうことか実地で学んだほうがいいと思います。

ビジネススキルが投資に生きる

はじめる商売は、どんなビジネスがいいかは問いません。不動産投資ビジネスでなくてもよく、自分のやってみたいことでいいでしょう。そこで、自分で成功と失敗を実地に味わってみるのです。

商売を立ち上げると、がんばれば給料が入ってくるサラリーマンとの違いがわかります。大きなお金が入ってくること、逆に大きなお金が出ていくことも実感をもって味わうことができます。

前述しましたが、僕はサラリーマンを辞めたあと、数年の間に二つのビジネスを手がけました。一つは通信回線の営業。もう一つは認可外の保育所です。通信回線の営業は、ISDNによりインターネット回線を敷設する注文をとってくる仕事です。

法人・個人への飛込み営業。当時はインターネットが爆発的に普及する前で、ＩＳＤＮ回線が早い、安いといったことを「知っている人は知っている」程度でしたので、最初のうちはまったく儲かりませんでした。

ところが爆発的に普及する前ということが、ちょうど時期的にもよかったのでしょう。サラリーマンでは得られないような金額を毎月のように得ることができました。

もう一つの認可外保育所は、きちんと認可外と銘打っているので違法ではないのですが、預けにきていただくお母さん方の意識はさまざまです。しつけ教育など、取り組んでいないことをいきなり頼まれたり、ちょっとしたカゼを引いた理由にされたり、小さな行き違いは絶えずありました。こちらとしては最大限の善処はするものの、納得してくれるお母さんばかりではありません。「お客はわがまま」とよくいわれますが、そういったことも実感できました。

自分でビジネスをはじめてみると、お金の入り方・出方・貯め方が、実感をもってわかるようになります。加えて節税のしかた、行政手続きなども理解できるようになります。自分のフトコロに入れていいお金と、会社に残しておかなければならないお金の区別ができるようになるわけです。

さらに、僕はそのときは取り組んではいなかったのですが、銀行から融資を引き出す交渉の経験を踏まえることができる人もいるでしょう。

「やれば、できるんだ」

まず、ゼロから商売をはじめてみると、そうした自信も生まれます。その自信が、何よりも大切なのです。

投資で稼いでいる人はビジネススキルのある人

僕の回りにも、きっとみなさんの回りにも、投資で稼いでいる人、投資で成功し優雅に暮らしている人がたくさんいるはずです。そういう人の共通点は、ビジネススキルのある人だということです。

きっと、冷静でいられなくて大負けしたこともあるはずですし、自分の器以上の大勝負に出て運よく大儲けしたこともあるはず。それでも稼ぎ続けて暮らせるということは、結局、ビジネススキルに長けていたのです。

僕はというと、27歳で会社を辞めたときの年収は税込み420万円ほど。決して低いとは思いませんが、高いともいえない平均的なサラリーマンの金額です。そこから、一念発起して紆余曲折があり、いまがあるのです。

「逆転して資産と呼べるものを形成するには、若いうちに自分で商売を起業するしかなかった」――、そんな気持ちです。

ルール3

他人に依存せず、裏切らないパートナーを大切にする！

不動産投資は、投資の種類のなかで最も一喜一憂せずとも取り組める投資です。誤解を恐れずにいえば、「上げた・下げた、当たった・外れた、勝った・負けた」といった投機性の少ないビジネスといえるでしょう。これは言い換えると、正しく無理せず行えば誰もがそれなりの成果が得られる——、そんな投資です。だからといって、学ばずに行うことは危険です。何しろ金額が数千万円や億になるのですから。

自分からは裏切らない、でも依存もしない

ただし、唯一の注意点があります。それは人を**裏切らないこと、依存しないこと**です。

自分が裏切れば相手もどこかで裏切ります。また、裏切られたらその相手を大切にすることがむずかしくなるでしょう。

不動産投資は「裏切り」によって思わぬ損失を被ることがあります。僕は三重の不動産業者に手付金をだまし取られそうになったこともあれば、鳥取の不動産業者にクズ土地を買わされたこともあります。僕の友人であり、4000戸を所有する〝姫路のトランプ〟こと大川護郎さんは「不動産業者でいいヤツに会ったことがない」といいます。

だからこそ依存せず、自分が投資する案件はきっちり調査して、現金支払いはなるべく遅く少なくする。そして、自分から裏切らず、大切にすれば期待に応えてくれる人脈ができます。儲かる話は必ず人を介してやってきます。

およそ投資というものは一人で行うことができます。株式やFXは投資の側面しかありません。一方、不動産投資は買う瞬間だけ投資ですが、買ったあとは賃貸経営事業というビジネスとなります。それが抜け落ちて、買うことしか意識のない人が買うと、うまくいきません。それでも他のビジネスとは異なり、パートナーを使うことで自分一人でやっていくことができるビジネスですから、パートナーのよし悪しは収益に直結します。

だからこそ、不動産投資については、まず自分の**パートナーをつくり、その人・業者を**

裏切らず、大事にするということを忘れないでください。

不動産投資にも、いろいろなパートナーがいる

パートナーと一口にいっても、いろいろな人や業者がいます。

・物件の仲介をしてくれる不動産業者
・不動産投資の手法を教えてくれたメンター、ともに学ぶ仲間
・融資を引いてくれた金融機関の融資担当者
・日頃、物件を管理してくれる管理会社

そして、入居者も大家の収益に貢献してくれますし、家賃は大家にとって次の物件購入の借入金の返済を手伝ってくれるということもあり、その意味でも重要なパートナーといえます。

これらの人や業者すべてと「仲よく楽しくやってくださいね」と、八方美人になる必要はありません。ときに、意見の食い違うこともあるでしょう。きっちり交渉し、妥協点を見いだす必要もあります。それでも、信用される対応を心がけることです。

その方法は、一言でいうと「自分の状況を正確に伝える」。これだけです。投資ですから、すべてのことにお金がからんできます。それだけに、相手の理解を引き出し、うまく折り合いをつけるよう気をつけましょう。

パートナーは〝人柄のよさ〟で選ぶ

僕が自分でビジネスをはじめた当初、お金はないけれど若さや我欲もあり、あまりパートナーの重要性に気づいてはいませんでした。「何でも自分でやらなくちゃ！」とも思っていたわけです。

ところが数十年が経ち、大家業が安定してくるにつれ、「このビジネスは外注に出せるものは外注することも大事」ということがわかってきます。いいパートナーを持てば、自分よりいい仕事をやってくれて、評価も上がるということがわかってくるのです。

では、どんなパートナーがよいのか。一言で表現しにくいのですが、「人柄がいい人」ということができます。「義理堅い」といい換えてもいいでしょう。

商売をやっている以上、顧客の奪い合いになることもよくあります。そのとき、ちょっとしたことでカンタンに人を裏切って何とも思わないタイプの人に出くわすこともあります。しかし、それでは困るのです。

こういっては語弊があるかもしれませんが、大家業の外注には、他社にはない特段の技術が求められることはほとんどありません。大事なことは管理なら管理、客付けなら客付けの業務を、前述したとおりウソをつかずにきちんとやって一緒に成長できることです。この点は結局、業者・担当者の人柄のよさ、義理堅さとなって現れるように思うのです。

僕がパートナーとしての相手に留意していることを三つ挙げるとすると、

・裏切らない
・支払いは速やかに済ませる
・相手のアイデアを聞く

ということです。そのことを逆に相手にもパートナーとして求めるわけです。お互いがこのような点に留意することが大切だと考えています。

ルール4

物事を決めつけずシンプルに考えなさい！

投資にはリスク分析や利回りなど、本気で考えると計算式が複雑でチンプンカンプンになってしまうものもたくさんあります。

それぞれの計算式の中身には、いわば確定しているものではなく、予測にもとづいたものもあります。そうなると、出てきた結果も確定的なものではなく、ホントのところはどうなるか誰もわからない類いのものです。どんな人でも、「計算式どおりになれば、たぶんこうなるだろう」ということはできても、「ゼッタイにこうなります！」と胸を張って正解を示せない……投資のソントクの判断はそういうものなのです。

確定的なことをいえないからこそ、の二つの対応

ならば、二つの考え方が成り立ちます。

一つは、むずかしく考えないことです。

投資については、誰も「83％は儲かる」とか「67％は損する」など確定的なことをいうことはできません。そのなかで、誰もが安定的な儲けになるために、投資手法を研究したり、売買のタイミングを見計らったりしているのです。それらの研究や判断は取り組めば取り組むほど高度なものになり、ふつうの人なら、とてもついていくことはできないでしょう。ならば、むずかしく考えずに、**これくらいの利幅がとれそうなら取り組む、このくらいのリスクなら手を出さない**などの基準を設けておくのです。

僕にも投資を生業とする知人が何人かいますが、ほとんどは株でもFXでも数千万レベルの損失を一回はかぶっています。それは、投資の生活を続ければ、まさに誰もが通る道とさえいえます。それがゼッタイにイヤなら、手を出さない。そう割り切ってやらないと、資産形成が進まないことも事実。この点は理解しておいてください。

そして、もう一つは、できることだけをやるという考え方です。むずかしく考えず、自分なりの基準を設ければ、どうしても〝打ち手〟が限られてきます。ならば、**できることだけに取り組み**、「自分には無理かな？」と思うことには無理には手を出さないようにすることです。

代表例として株式投資を考えてみましょう。株式投資では、どんな人も、やればやるほどイライラ・ソワソワが募るものです。毎晩、今日の売買結果が気になり、仕事中に株価の値動きのニュースが入れば、自分の持ち株はどうなる？　と気が気ではなくなるわけです。きわめて精神的によくない状況です。

そのことに耐えられなくて、おまけに大損してしまって株式投資をやめてしまう人もいます。「もっと、精神的に安定して、資産形成に取り組みたい」と考え、それが「やれることを探して取り組む」というきっかけにもなります。

シンプルに考えるためには、決めつけない

世の中には、シンプルに考えて決めるため「イエス・ノー」で答えられることしか考え

ないというタイプの人がいます。そこで、むしろ、**シンプルに考えるために、自分で即断即決せず、わからないことがあれば遠慮なく他の人に聞く**ということも大事ではないでしょうか。

シンプルに考えるために、まず、先入観にとらわれない。できる・できないを即断しない。わからないことは一生懸命考えても結局わからないので、すなおに「こういうアイデアがあるんだけど、どうしたらいいと思う？」といった表現で誰かに聞いてみるのがいいのです。

頭でっかちな人はシンプルに考えようとすると、考えなさすぎるか自分の消化できない知識に惑わされて、結局シンプルに考えていない――ような気がするのです。その状況は、僕にいわせると「心配するポイントが違うだろ」という印象です。

たとえば、「定年後10年のうちに年金だけの生活では破綻する！」ということを考えるとします。それで、「何か商売にチャレンジしよう！」という結論になったとします。その間に頭でっかちな人は、「金利が上がったらどうしよう」「円相場が変動したら」「銀行の融資姿勢が変わったら」など、いろいろ考えてしまうようです。

でも、ふつうの人が考えるのは「やっている途中で交通事故で死んだら……」程度です。だからこそ、結論は「途中で死んでも迷惑をかけないようにやろう」と考えるくらいです。

「杞憂に終わる」「取り越し苦労」といった言葉があります。シンプルに考えるというのは、杞憂に終わりそうな、取り越し苦労で終わりそうなことは深く考えすぎない、ということといえるでしょう。

そのとき、先入観にとらわれないからこそ、「ゼッタイ無理」という言葉を使わないようにすることも大切です。それは、できないことが当然だと自己暗示をかけて、誰も幸せにならない言葉です。「ゼッタイ無理」ということはあり得ない。相手やタイミングを変えたりすれば、必ず何かの突破口はある。その突破口に向かってシンプルに考えていくということでもあります。

失敗しない不動産投資家は、シンプルに考える

不動産投資家、不動産投資をやろうと思っている人は三つのタイプに大別できます。

①ちゃんと不動産投資家になる人

②勉強せずに思いっきり融資も含めてお金をつぎ込んで大失敗する人
③心配しすぎて実際の不動産投資家にならず〝評論家〟になってしまう人

結局、シンプルに考えるどころか何も考えていない②の人は論外として、わりと多くの③の人も少々難ありなのです。

じつは僕のような人間は、実績を評価してもらえるまではカンタンには銀行融資を受けられません。そのため、②のような失敗をしたくてもできません。また、③の人には、アレコレ考えて思い悩んで、「それであなたは幸せですか?」という疑問すら湧いてきます。

完璧な不動産もなければ、完璧な投資もありません。不動産は完璧であればあるほど、僕たちのようなふつうの不動産投資家が知る前に、本当のお金持ちが購入し、そういう顧客を相手とする不動産業者が情報を流しているのです。

僕たちが扱う不動産は大なり小なり難ありです。それがわかっているのに、自分だけが100%完璧な投資を実現できると思うのは、ちょっと虫のいい話かもしれません。だからこそ、アレコレ思い悩まずにシンプルに考えていくことが大事なのです。

ルール5
お金は大切だからこそきちんと交渉しなさい！

僕のやっていること、また、この本を興味をもって読んでくださる方々のめざすところは不動産投資です。慈善事業ではありません。儲けがすべての投資なのです。だからこそ、お金に関わることについては交渉し、納得して支払うこと、納得できなければ、他の交渉先を探すなど、きちんとした対応を心がけることが大切です。

交渉できるようになるために大切なこと

交渉できるようになるためには、いくつかのポイントがあります。

①お金の知識を身につける

まず、お金の知識を身につけることです。不動産投資のソントクの尺度の一つに利回りがあります。典型的な不動産の利回りは、「満室時に得られる年間の家賃÷不動産を購入した価格」で計算できます。これを**表面利回り**といいます。単純な割り算で計算できるのですが、じつはこの利回り計算が意外とクセモノなのです。

まず、分子の「満室時の年間家賃」はあくまで想定した値です。必ず、いつも、かつずっと満室とは限りません。空室の期間が続くこともありますし、家賃を引き下げざるを得ない状況だってあり得ます。

分母の「不動産の購入価格」についても、投資物件を買う側にしてみれば、仲介業者への仲介手数料はもちろんのこと、取得に関する税金など支払うべきお金は物件そのものに加えて一定額はあるわけです。

この利回りの計算式そのものは単純でわかりやすいのですが、これで十分とはゼッタイにいえません。せめて「満室時に得られる年間の家賃－満室時に必要な年間の費用」を「不動産を購入した価格＋取得に際して要した費用」で割る計算くらいはしておきたいものです。

利回り計算

①表面利回り

$$= \frac{\text{満室時に得られる年間の家賃}}{\text{不動産を購入した価格}}$$

不動産を購入した価格は？

$$= \frac{\text{満室時に得られる年間の家賃}}{\text{不動産の利回り}}$$

↓

中古物件ほど購入価格が安くなる

||

分母の不動産の利回りが高い

②実質利回り

$$= \frac{\text{満室時に得られる年間の家賃} - \text{満室時に必要な年間の費用}}{\text{不動産を購入した価格} + \text{取得に際して要した費用}}$$

これは不動産の用語で前者を表面利回りと呼ぶのに対して、**実質利回り**といった呼び方もされています。

これが不動産投資に関するお金の知識の第一歩です。いずれも、計算式は単純な割り算ですので、電卓をパチパチ叩けば計算できます。

なお、加えていうと、えてして初心者ほど利回りの高い物件に目が行きがちですが、**利回りが高いほど不動産投資のリスクは高くなる**と考えておいてよいでしょう。

また、表面利回りの計算式をいじると、「不動産を購入した価格＝満室時に得られる年間の家賃÷不動産の利回り」という計算式になりますが、これは中古物件ほど購入価格が安くなる＝分母の不動産の利回りが高いことによります。「利回りが高ければ、価格が安くて安心。でも、その高い利回りを実現できなければ、その投資はいっぺんに立ちゆかなくなる」ということです。

このほか数式をいじればいろいろなことがいえますが、まず、お金の知識としては実質的な利回り計算を知っておくこと。これが何より重要です。

利回りの次の知識は銀行の融資に関することです。僕自身は、銀行から融資を受けたのは不動産投資をはじめてだいぶ経ったときですから、あまり大上段にいえる立場ではありません。

よく、「事業の運転資金は利子だけ返していれば、銀行は逆に貸出額が大きくなりそれが収益につながるので、文句をいわない」といいますが、事業資金かどうかにかかわらず、融資額の元金が減っていくのは借りた側としてはうれしいもの。ですから、銀行融資に関しては利率の妥当性をはじめとして、必要額の算出のしかた、使途、返済のメドによる銀行側の対応の違いくらいは、借りる側の知識として知っておくべきでしょう。

「不動産投資は担保があるわけだから、その担保分は借りられる」などと安易に思っていると、とんだしっぺ返しを食らいます。

②知識としてだけでなく、「値切る」クセをつける

お金の知識が重要なことはいうまでもありませんが、もっと重要なのは、それを活かすこと。いくら計算式をいじって知識をたくさん身につけても、それでは実際の不動産投資に役に立てることができないばかりか、頭でっかちになって失敗してしまうのです。

儲けを第一に考えるには、まず、少しでも「出」は抑えることです。単純にいうと値切るのです。物件価格にしても、地域相場や築年数などから考えて不動産業者も適正な価格

を出しているものですが、一方で、売買が成立しないと業者も儲けにならないのも事実。とくに不動産の仲介物件ではなく、**元売り物件の場合、いろいろな理由で値引きに対応し**てくれるケースもあります。

指値を入れるという言葉を聞いたことがあるでしょうか。「この金額なら売買する（逆にこの金額なら売買しない）という条件を提示して、交渉すること」と考えていいでしょう。不動産に投資する、すなわち物件を購入する場合、物件の相場を理解したうえで指値を入れて購入できるか確認するわけです。

あまり大きな額を値切ると「世間知らず！」と業者に呆れられてしまうでしょうが、たとえば、必要な修繕分は別途、自前で負担したり、過度の管理業務をしなくてもよいようにしたりなどの〝材料〟をもって交渉するわけです。

もちろん、管理業務も自分の住まいに近い物件であれば、自主管理という手もあります。さらに築年数が古い場合のリフォームについても、いくつかの見積りをとって安いところに発注し、支出を抑えることも一つの手です。

すべては入居者がいて初めて成り立つ話ですが、入居者も多様化しています。広く全体にとってふさわしいものがよいわけではなく、自分の想定する顧客＝入居者にとってふさわしいかどうかで判断すればよいのです。

交渉の重要性についてては不動産投資を例に挙げましたが、どんな投資でも、また資産形成の方法でも、根っこのところは同じです。いわれるままに買ったり支払ったりしていては、お金は貯まりません。資産形成においても、「お金を生まない資産」を貯め込むことになってしまいかねません。

資産がお金を生む――、これができて初めて資産形成・資産運用ということができます。そのために、交渉ごとから逃げてばかりではいけないと考えるべきです。

不動産は金額が大きいからこそ交渉できる

不動産を値切ることについて、もう少し触れておきます。

僕は不動産業者に対して、必ず「いやぁ、少しでも安くならないかなぁ」などというようにしています。それで1億1000万円の物件が1億3000万円に、700万円も安くしてもらったこともあります。

これは、ひとえに金額の単位が大きいからこそできることです。ただ、安くしてもらった金額を労働による時給で考えてみると、とんでもない額です。「安くならない？」の一言が1～2年分の年収になるのですから。700万円を稼いだら税金も必要ですが、安くしてもらったら税金も要りません。

不動産投資の場合、「値切らないで購入する」ということは、その段階で大きなリスクを抱えたと考えてもいいくらい。最大のリスクは値切らず黙って購入することに始まる、といってもいいでしょう。

「安くなったらうれしいなぁ」「手元がキツいから、安くなれば買えるんだけど」「銀行さんの融資の限度枠もあってね」「もうちょっと安いととてもありがたいんだけど、ちょっと探ってもらえます？」、いろいろな言い方があると思いますが、相手が気分を害さない程度に値交渉するのは堅実な不動産投資家の必須スキルです。

ルール6

まずは小さな失敗をして生きたスキルを身につけよう！

資産形成に100％確実な方法はありません。どんな人でもやればゼッタイに殖やせる方法というものはなく、多かれ少なかれリスクを抱えながらリターンを得ているのです。

どんな人でも成功と失敗を繰り返します。成功と失敗を比較して、うまくいったほうの質や量の大きい人が、より大きな資産を形成できるのです。ならば、**取り返しのつかない大きな失敗を避けながら、小さな失敗は気にしすぎることなく取り組む**ことが大切です。

自分で〝損切り〟するラインを決めておく

株式やFXなどの金融資産の投資において、「損切り」という考え方があります。損切りするラインを自分で決めて、その状況になったら損を確定させ、いったんは手を引く（止める）のです。いまは損切りという言い方よりロスカットというほうが馴染みがあるかもしれません。

たとえば、1株1000円で1000株買ったとします。100万円が必要です。その株が1株900円になれば、90万円になります。そのとき損切りすると事前に決めておけば、損失は10万円で確定します。

もし、損切りするラインを決めていなかったらどうなるか。1株200円になり、20万円になることもあり得ます。逆に1株1500円になり150万円になることもあり得ます。ですから、そのラインをどこに引くかで悩んでいると、大儲けすることもありますが大損することもあり得るのです。そして、投資の世界ではみんなが儲けることを狙っているため、〝決められない人〟は往々にしてババを引く、すなわち損をかぶってしまうこともあるのです。

損切りという考え方に慣れていくと、しなくてもよい大損をしなくなります。大きな失敗をしづらくなるともいえます。その一方で、小さな損・失敗を重ねることになります。しかし、**小さな失敗であれば、あきらめず続けることができる**のです。

この「続ける」ということが資産形成には大事なところ。何より〝続けてこそ〟なのです。一攫千金、棚からぼたもちといったことはなく、どんな人も小さな失敗を繰り返しながら大きな失敗を避けて徐々に資産形成するもの、と考えてください。

もちろん、小さな失敗を重ね、その時点で投資をしなくなれば、投資については後味の悪い印象だけが残ります。繰り返しの失敗のため首が回らなくなる人もいないわけではありません（それが大きな失敗ともいえますが……）。しかし、成功だけをずっと続けるなんてことはあり得ません。

株式やFXなど金融資産への投資で資産形成すると考えた場合、印象論ですが、2000万円や3000万円程度は損しないと続けることができないといわれています。あくまで印象論なので、みな、確実にそうだとはいいませんが、僕の見聞きする話では、それだけの持ち金ではじめないと続けることができず、大損して終わり、というケースも実際にはあるようです。

一方、〝株で億円単位の資産を形成できた〟ような人は、そのレベルの損のラインを乗り越えることができたということになります。

もし「3000万円の損なんて考えられない」という人は、どうしたらよいか。損切りのラインを細かく設定するか、損をするリスクの少ない商品に投資するか、です。

不動産は後者の部類に入る投資商品の一つです。小さな失敗はありますが、身の丈を超えるような大きな融資額をつぎ込みでもしないかぎり、大きな失敗はしづらいということもいえます。それでいて、着実に資産形成できる投資手法なのです。

とくに毎日のように一喜一憂して神経をすり減らすデイトレードのようなことはしたくないというタイプの人には打ってつけかもしれません。

小さな失敗はスキルを生む

不動産投資に限ったことではありませんが、**小さな失敗は確実にスキルや人脈を生む**点を指摘しておきましょう。

前述した北海道で学生アパートを購入したときのこと。24室で3800万円の物件です。札幌近郊の江別市の物件で、自分としては空室率の高いエリアでも入居者の埋まりやすい物件を購入したつもりですが、それでも客付けは一筋縄ではいかなかったのです。

空室が数か月、半年続くというのは不動産投資でゼッタイに避けたいこと。その事態は避けることができましたが、管理会社が思いのほかいい加減だった、元の売り主との意思疎通が十分にできていなかったなど、いろいろなことを学びました。

　すると、逆に、必死になって部屋を埋めるコツとか、入居者を得やすい管理会社の選び方などの勉強をします。勉強してスキルを身につけるほどに札幌に足しげく通い、業者・大家などの人脈もできてきます。

　そういったことができるのも、自分が小さな失敗をしたおかげです。失敗しなければ知恵が身につかず、大きな失敗をしてしまうと立ち直れなくなります。何が小さな失敗になるかはやってみないとわかりません。

　唯一、判断できる尺度は、その試みが失敗したときのリスクを自分が負えるかどうか、それだけです。「大丈夫だ、リスクを負える」と判断できたら失敗するかどうかアレコレ考えず、取り組む。ただ、それだけということもできます。

ルール7
本当の目標をめざして逆境をバネにしろ！

資産形成という言葉を聞くと、年輩の方々のなかにはちょっと斜に構えた気持ちになる人もいるのではないでしょうか。

これまでは、みな、ふつうに学校を出て、ふつうに会社勤めをして、ふつうに結婚して家族と暮らし、ふつうに退職金をもらって定年退職すれば、ふつうに老後を送ることができました。

今後は、そう単純にはいかないと思いますが、ふつうにがんばれば、ふつうに暮らせる時代が続いていく、ある程度の蓄えができてくるもの、と心のどこかで考えてきたはずです。そうでなければ、社会のほうがおかしい、と……。

そんな時代を過ごしてきた年輩の方々にとって、資産形成が大事！　と声高にいうと、どこか無理して躍起になっている、そういう印象もありそうです。

僕の資産形成の過程でも、「学歴のある人に負けてたまるか」「大金持ちになるとはいえないまでも、ちょっとはうらやましがられる生活を送りたい」といった気持ちがバネになったりテコになったり……、そうした気持ちが支えにもなって、資産形成できてきたようにも思えます。

しかし、冷静に考えれば、そんなことはどうだっていいのです。単純に精神的な豊かさやゆとりは金銭的に満足できる生活の上に成り立っていると考え、金銭的に納得・満足できる生活がしたくて不動産投資家になったのです。そのために資産形成が重要だと考えてきたわけです。

どんな人にもバネにできるものはある

僕の場合は、実際に不動産投資で融資を受けることがなかなかできませんでした。しかし、銀行にも実績を認めてもらえるようにしようとがんばってきました。それは、不動産投資に十分なお金が用意できずにいたということでは逆境でした。

何かしらの逆境があり、それをバネに踏ん張ることができたからこそ、こだわって続けられることがある――、そう思います。どんな人にも、そうした心のバネにできるものがあるはずです。

いま、逆境にある人も、振り返ればそう思えるように、逆境をバネに資産形成の夢を実現していただきたいと思っています。何より、そこを乗り越えれば楽しい生活が実現できるのですから。子どもが大きくなって手を離れれば、年に何回かは夫婦で海外旅行に行くゆとりもできます。「老後、どうするの？」と心配ばかりするようなこともなくなるのです。

そのためなら、若い人はむしろ、「負けられるか！」という気概をもって収益を生む資産を形成していってほしいものです。不動産投資は時間をかければ借金が減り、値下がりしても儲かるストック性を兼ねています。その目標をめざして不屈で諦めない精神は、やがて確実に花を咲かせます。

ルール8

僕はこのルールでお金持ちになれました！

ルール1から7を総合的に踏まえてみましょう。

・最小限のお金で少しでも確実に稼げる技術を身につけられる
・商売、ビジネスとして起業できる可能性がある
・パートナーが大切であることを学ぶことができる
・シンプルに考えることが成功につながる
・交渉で有利に運べる余地がある
・小さな失敗を糧にできる
・逆境にあっても、長い目でみて飛躍していることにつながる

そんな投資をして資産形成してみましょう！　ということです。それが僕にとっては不

動産投資でした。

きちんと、ていねいにやれば誰でもできる!

不動産投資はまったくの一文無しでもはじめられるというものではありませんが、ふつうに貯金をしてきた人なら手がけることができるビジネスです。まったくの副業や個人事業として続けることもできますし、軌道に乗った時点で法人化も検討できます。後述しますが、そのほうが融資面や税金面で有利なこともあるのです。

儲かった・損したといったことに一喜一憂することなく続けられる点も大きなメリットでしょう。よほど一攫千金を狙った博打のような取り組みをしないかぎり、精神的に疲れ果ててしまった……ということがない投資なのです。

また、長期的に取り組むため、投資効率などむずかしいことを考えればキリがありませんが、そんな先のことは考えすぎず、腰を落ち着けて取り組むこともできます。長期的な取り組みであるため、目先の失敗、損にあわてる必要もありません。適切な表現ではないかもしれませんが、**損をしたときがあったとしても、あわてずゆっくりと取り戻すことが**

できる――、そんな投資なのです。

ただし、結果はすぐに出てくるわけではありません。地道にコツコツとがんばって取り組んでいった結果が、資産と資金のゆとりとなって戻ってくるのです。その間、利発なウサギに追い越される鈍重な亀のような気分になるときもあります。それでもウサギをうらやまず、自分の信じた歩みを続けていけばいいのです。

利発で勝ち気なウサギは自分勝手に突っ走り、自業自得でつまずいてケガをしたり疲れ果ててしまいます。運良くウサギが頂上に到達したら、一緒に喜んであげて、尊敬してあげればいいのです。

不動産投資はそのようなビジネスの一つと考えていいでしょう。自分が躍起になって無理をしないかぎり、リスクを低く抑えることができます。リスクを低く、ということは資産そのものの価値を維持しているということができます。文字どおり資産持ちということです。

得られるお金は資産価値が維持できればできるほど、複利効果、いわゆるレバレッジを効かせることができます。第5章で述べる再投資を重ねれば、大きな額の借入れをしてもその返済は自分と一緒になって入居者が返済してくれます。しかも、満室となれば入居者が束になって返済してくれるということも理解できます。早期に物件を自分の純粋な資産にできるのです。

総じていうと、**きちんと、ていねいにやれば誰でもできる！　無茶しない限りは失敗しない**ことが不動産投資の大きなメリットといってよいでしょう。

振り返れば、バブル崩壊やリーマンショックなど、資産価値を大きく下落させる出来事がいくつもありました。それでも、みんなどんなかたちにせよ、それぞれの土地・街で暮らし、生活を営んでいます。不動産投資はその生活者の意向を実直に踏まえていけば、大きな失敗はしません。ぜひ、あなたも実直な一歩を踏み出してみてください。

不動産賃貸業、大家業はいちばん手堅いビジネス

いろいろなビジネスをやってきて、あらためて思うのは、不動産の賃貸、大家業はいちばん手堅いビジネスだということです。**ほとんどの人が確実に金銭的に豊かになれます。**

人は必ずどこかに住まないと生きてはいけない——、そう考えると、マーケットは大きく、かつ奪い合いになりにくい大きなビジネスなのです。大家業同士もいろいろな情報交

換が頻繁にできて、仲がいい。それは何より、お客の奪い合いになりにくいからです。

他のビジネスのように、失敗しても通常は無一文になるわけでもない。借入金があっても返済が進んでいれば、現金化できるストックが残ることになります。借入れをしていなければ、なおさらです。

知恵も絞りようです。借り入れることがむずかしく十分なお金が用意できなければ、民泊のようなスタイルもあります。さらに貸しテント業のようなスタイルではじめるならば、宿泊業の許認可が必要ないケースもあるでしょう。要は知恵を絞ることで、いろいろな方法が見えてくる。不動産投資はそんなビジネスなのです。

たしかに、最初の一棟を購入するとき、大きな額が必要になるケースもありますが、一方、それを売却して手放すときに、大きな損をしていないならば、こんなにお金をムダにせずにはじめられるビジネスもないのです。冒頭に示したように、最終的に使うお金の額は少なくてすむどころか、お金が生まれるビジネスなのです。

スーパーカーを考えてみれば一目瞭然です。単に500万円の高級車を自家用に買って乗ると、3年後の売却額は半値にはなるでしょう。ところが、数千万円のスーパーカーを購入すると、3年後にも同じ値段、場合によっては購入した価格より高い値段で売却できるケースもあります。そのようなキャピタルゲインに、ほかの人に貸すことによって生まれるインカムゲインがある。それが不動産投資であり、インカムゲインをより重視しているのが不動産賃貸業、大家業なのです。

僕は銀行の融資を受けられなかったので、自分の財布からお金を出して不動産投資をはじめました。ただ、この資産価値のメリットをより享受することを考えれば、貯金は貯金で置いたまま、借入金ではじめたほうがいいとさえ思います。

融資をしてくれる銀行にできるだけたくさんの預金を置いて、それを使わずにできるだけたくさんの借入れをして、その借入金ではじめるのです。それが現在の不動産投資でベストな考え方であることをつけ加えておきます。

第3章

300万円からはじめる不動産投資

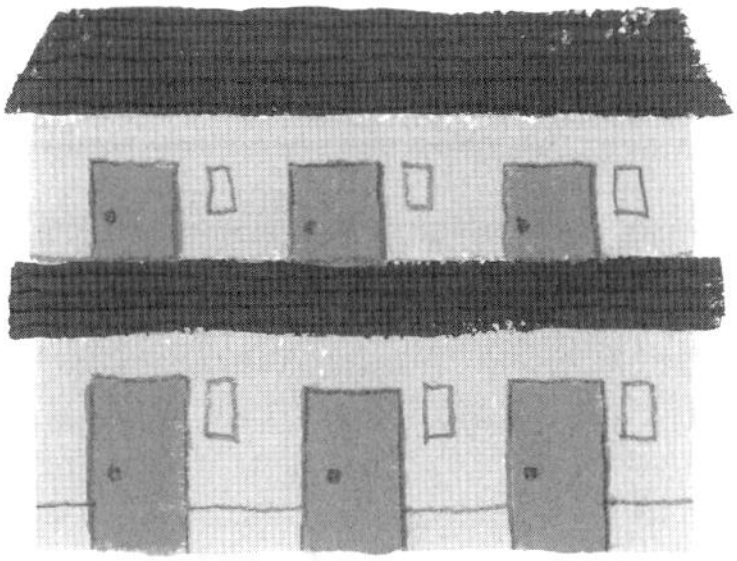

不動産投資で使うお金のレッスンをしてみよう

実際の不動産投資をはじめる前に、必要なお金のレッスンをしておきたいと思います。

不動産投資のために必要なお金に関する計算式は、じつは小学生レベルです。たとえば、利回りの計算は前述のとおりです。1000万円の物件で12％なら、1％が10万円で、それが12個で12％であり、120万円。単純な計算です。

不動産投資を行うと、いろいろな経費がかかりますが、**その額は経験則で年間家賃収入の20～25％**といわれています。それを確認するため、不動産業者から年間ランニングコスト表は絶対にもらいましょう。100万円の年間家賃収入があっても、「そのうち20万円～25万円くらいの金額は経費として見込んでおいてください」ということです。そのうち5％くらいが、管理会社に委託した場合の管理費用です。

金額が大きくて悩ましいのが借入金をした場合の返済です。年間家賃収入に占める年間返済額の割合を**返済比率**といいますが、この比率の留意点は2点だけです。

一つは低ければ低いほどキャッシュフローを生みやすい、すなわち手残りのお金を生みやすいということです。もう一つは、**返済比率は大きくても60%を超えないほうがいいということです。40%、35%あたりに抑える**のが理想です。

以上が不動産投資を行う側の計算式です。

融資を受ける場合の計算式

一方、融資を受ける場合、銀行側の計算式も気になるでしょう。これは**積算判定**といった表現をします。積算価格で担保価値を評価するということです。

1棟アパートを例にすれば、担保価値はまず土地と建物に分かれます。土地は単純にその年、その土地の路線価×面積で計算してください。

建物は少し複雑ですが、平方メートルあたりの基準の価格が概ね決まっています。RC(鉄筋コンクリート)だと18万〜20万円、鉄骨だと16万〜18万円、木造だと13万〜15万円です。それぞれに広さを掛けると**新価**というものが算出できます。新築のときの価格と理解してください。

それをRCだと47年、鉄骨だと34年、木造だと22年という耐用年数で割ると、1年あたりの価値が出ます。その価値に耐用年数－築年数で算出する残存年数を掛けると、現在の建物の価値が算出できます。そして、土地と建物を合わせた金額が、銀行が評価するその1棟アパートの現在の価格というわけです。基本は小学生で習う四則計算で十分で、細かな数字になる場合、電卓があったほうがいい――、その程度の計算式と考えておけばいいでしょう。

銀行との交渉する場合、細かな計算式は教えてくれなくても、「そのアパートの価値をいくらくらいに見込んでいるか」を教えてくれるケースもあるでしょう。その場合、その見込みより安い金額で買えていれば理想的ということになります。

また、積算ではなく**収益還元**という考え方もあります。これも理屈はむずかしくありません。たとえば、家賃1000万円の収益物件が利回り10％で売れるには、物件価格がいくらになるか？　これが収益還元価格の考え方です。計算法は簡単です。1000万円＝10％なので、1000万円÷10で計算すると1％の価格は100万円となりますね。

積算判定による不動産の価値の考え方

１棟マンション・アパートの例

担保価値はまず土地と建物に分かれる

⑴土地＝その年、その土地の路線価×面積

⑵建物＝平方メートルあたりで
概ね決まっている基準の価格

ＲＣ（鉄筋コンクリート）＝18 万～20 万円

鉄骨＝16 万～18 万円

木造＝13 万～15 万円

広さ×単価＝新価

新価÷耐用年数（ＲＣ47年、鉄骨34年、木造22年）
＝１年当たりの単価

１年当たりの単価×（耐用年数－築年数）
＝現在の価値

⑴＋⑵＝その物件の現在の価値

それを100％分とすればよいので100倍します。すると、この収益物件の値付けは1000万円×100＝1億円、このような感じです。このご時世で都心だと5％なんて物件もありますから、同じような計算方法で2億円となるわけです。

なお、銀行から融資を受ける場合、銀行の収益判定の基本も知っておいて損はありません。それは満室時の年間家賃×80％－運営経費という計算式をもとに算出します。銀行側としては、返済額をその金額以上の額になるように利率を設定できれば、融資しても儲けがあるという考え方です。でも、銀行によって評価はさまざまで、そこにチャンスが潜んでいるんですけどね。

投資する側としては賃貸での「手残り」を重視

実際に不動産投資をはじめる場合、結局気になるのは投資する側の「手残り」がいくらかということでしょう。それもむずかしい計算をする必要は、実際にはあまりありません。むずかしい計算の話を業者側がはじめたら、じつは投資する側にとっては、あまりうまみのある話ではないのかな、と思うくらいでいいでしょう。

たとえば、1億円の価格の物件をフルローンで買えれば、手数料で800万円くらいはかかります。そして年間300万円くらいの手残りを生むことになります。その部分をピックアップして「800万円の投資で年間300万円ほどのリターンがある」と考えればよいわけです。利率とすれば37・5％。こんなに高利回りの投資はきっとどこにもないでしょう。

大事なことは、それを実現するためには、投資家自身もいろいろとやらなければいけないことがあるということです。1億円の融資を受けるには、いい勤め先に長く勤めたほうがいいですし、800万円の手元資金を用意するにはきちんと貯めるクセもあったほうがいい。年間300万円のキャッシュフローも、物件を放ったらかしにしておいたら入居者がつかず、実現できません。

不動産投資に不案内な人が「お金を借りてまで、他人の家を用意する必要はない」ということをよくいいます。しかし、不動産投資は投資であって、自宅を購入するのではないのです。

4000万円の借入金で自宅を購入しても、その自宅はキャッシュを生みません。しかし、収益物件を購入すれば、年間100万円くらいのキャッシュを生むことができます。

そのほうがお金の使い方しては上手じゃないでしょうか。

不動産投資のお金をケーススタディしてみる

不動産投資に関してお金のレッスンをケース設定してみましょう。

物件の価格は5000万円、家賃収入は年間500万円とすると、表面利回りは10％です。鉄骨造りで耐用年数は34年、その物件を築4年で購入したとしましょう。

諸費用が物件価格の10％で、500万円。自己資金としては1000万円を用意しました。借入金は4000万円です。返済期間は20年で、年利3・5％です。それで運用すると、管理委託料は家賃収入の5％かかるとして、税引き前の手残りは年間100万円強になります。

結果としては、地主が相続対策で取り組む以外には、あまり儲けになる投資とはいえません。

では、どこを修正すべきか。まず考えられるのが金利と返済期間です。金利年3・5％は高すぎるので、高くて2％未満で交渉すべきといえます。返済期間を延ばせば返済比率

お金のケーススタディ（鉄骨造り）

物件の価格5000万円
家賃収入年間500万円
→ 表面利回り**10%**

耐用年数は34年、
その物件を築４年で購入したと家庭

諸費用は？ → 物件価格の10%で
500万円

自己資金は？ → **1000万円** ←借入金 4000万円

管理委託料は？ → 家賃収入の５%
25万円

返済期間は20年、年利3.5%
（シミュレーションのため、固定・元金金利で想定）

月の返済額の概算　**28万3000円**

年間の手残り（税込み）
500万円−25万円−28万3000円×12
≒135万円

が下がり手残りが増えます。

これは1棟目の計算ですが、2棟目、3棟目ではまた、シミュレーションが変わってきます。入居者からの家賃収入を返済に回すこともできるからです。そのような手法で、物件の資産化、さらに資産から得られる**資金化のスピード**を上げていくのです。それを不動産投資のレバレッジ効果と呼ぶこともあります。

金利計算は、いろいろなパターンを自分で設定して楽しんでみるとよいでしょう。僕のお勧めはカシオ計算機のウェブページです（http://keisan.casio.jp/）。不動産投資の毎月のローン返済額をはじめ、いろいろなシミュレーションができます。

お金がなくても不動産投資はできる!

不動産投資はいくらぐらいの自己資金、タネ銭を用意してはじめたらよいか。この質問に対する答えは、まさに投資家それぞれです。「ホントにゼロからはじめられますよ」という人もいます。

ただし、実際は土地を持っている地主だったり、遊休資産を持っていることが条件となります。そうでなくても、不動産の購入資金は全額融資を受けたとしても、その際の口座開設料や税金などはどうしても必要です。その意味では、本当にゼロではなく、現実には一般的な人がふつうに持っている貯金、50万円とか100万円くらいは必要です。

一方、スムーズに不動産投資をはじめる場合、タネ銭は多いほうがいいのは事実です。500万円より1000万円、1000万円より2000万円持っているほうが余裕をもってはじめられるのは当然です。

できることからはじめた不動産投資

では、僕はいくらのタネ銭ではじめたのか。まったくのゼロ円ではありませんでしたが、数百万円くらいは貯金していたかな、という状態でした。

この話には、ウラがあります。僕にとっての最初の不動産投資は自宅の駐車スペースをガレージとして賃貸したことでした。「なんだ、駐車スペース？　しかも自宅の？」と思う方もいるかもしれませんが、これも立派な不動産投資です。第2章で紹介した「商売をゼロからはじめる」というルールにも適っています。

お金がなくても不動産投資はできます。何も最初からアパートやマンション1棟に投資する必要はありません。お金がなくてもできる不動産投資を選べばいいのです。

ここには、重要な意味があります。どんな小さな額の不動産投資でも、手がけていけばやり方のコツやツボといったものが学べるようになるのです。借り手はどのようなことを求めるのか、苦情があったとき、起きないようにするための留意点、日頃の管理を行っていくときに注意すべきこと、賃料を上げるときの話の切り出し方など、細かなことについても知恵がついてきます。

しかも不動産は、株式やＦＸといった金融資産とは異なり、短期的に〝失敗した！〟といった思いになることはほとんどありません。相場が自分の投資と収益にどう関わってくるかといったことについても、ゆっくりと学べる利点があります。

ですから、「千万単位のお金を貯めてから不動産投資をはじめよう！」と考えるくらいなら、まず、いま手元で動かせる元手をタネ銭として、できる不動産投資をはじめてみるというのが正解です。それで、実地に知恵を身につけていくのです。

そういう意味で「お金がなくても不動産投資はできる。はじめてみることが大切」ということを考えてください。

ホンネをいうと、３００万円くらいはあったほうがいい

個人的・感覚的な話になりますが、ホンネをいうと、３００万円くらいは貯めたほうがいいと思います。そのくらいの金額をコツコツと貯めることができない性格・体質では、

不動産投資はもちろん、他のビジネスをはじめるのも大変ではないでしょうか。

特にいまの金利状況では、そのことをより実感できるでしょう。

4000万円のアパートを20年ローンで購入したとします。10年返済すれば、金利を加味しても45%くらいは返せているでしょう。残額は55%、2200万円です。一方、10年経過しているのでアパートの価値も下がり、仮に2割下がったとすると、3200万円の物件価値ということになります。

そこで売却すると、1000万円のキャッシュが生まれます。4000万円の物件をフルローンで購入する場合、概ね自己資金が300万円くらいは必要です。つまり、4000万円のローンの返済は入居者からの家賃でまかなうと、結局、その物件を10年維持すると、300万円の投資で1000万円のリターンになるということです。その間、家賃収入の残りを貯蓄すると、もっと大きな額のリターンを得たことになります。

この計算では税金を加味していませんが、元本の返済には所得税を払って返します。先ほどの1000万円のキャッシュは納税済み利益なので、値上がり以外は税金は安いです。それも、これも、自己資金の300万円を貯めることができる性格・体質かどうかに関わってくるのです。

まずはタネ銭の300万円を貯める

「お金がなくても不動産投資はできる！　そうはいっても、ね……」と考える人もいるはずです。「お金もないのに土地を担保に融資を受けてアパート経営をはじめたところ、入居者が埋まらずに返済ができずに破綻した！」といった話も耳にします。そうなると、立ち止まってしまうこともあるでしょう。

その点、僕の経験から述べると、前述のとおり「お金がなくても不動産投資はできるけど、僕は300万円くらいは貯めてからはじめたほうがよい」ということをお伝えしておきます。

ふつうに貯蓄していれば、貯まる金額です！

３００万円という数字に厳密な根拠はありません。もし、根拠を示すとなると、物件を仲介で購入した場合の不動産業者への仲介手数料（物件価格によって計算式は異なりますが、４００万円以上の物件だと取引価格の３％＋６万円、消費税別）や不動産購入時の**登録免許税**などの税金、司法書士への報酬など諸費用を含めて50万～１００万円くらいにはなるでしょう。

その最低限必要なお金と比較すれば、３００万円という数字は大きな金額です。では、なぜ３００万円くらいは貯めたほうがいいのか。理由は単純で「そのくらいの金額を貯めることができる金銭感覚が大事」ということです。

僕の場合は、子どもの頃から、お金・貯金・貯蓄ということが好きでした。仕事は波があり、株などでうまくいかなかったときもありましたが、それでもコツコツ貯めるということが好きでした。だからこそ、子どもの頃からコツコツ貯めたお金が手元に３００万円くらいはあったわけです。

ふつうに勤めている人なら、300万円という貯蓄額は、ラクに貯められる額とはいいませんが、実直に貯めれば十分に貯められる額です。むしろ、これぐらいの金額を貯められない金銭感覚だと、およそ「投資」というものがうまくできないように思います。

一般的な金銭感覚で300万円というと、それなりのクルマをキャッシュで買えるくらいの額です。そのくらいのお金を貯めれば、「新しいクルマを購入してもいいですし、不動産投資をはじめてみてもいいですよ」といった金額です。少なくとも、100万円しかタネ銭がないのに「ゼロ円からできる株・FX」といった言葉に踊らされ、結局、数千万円の借金を背負って自己破産してしまう」より、よほど健全な投資です。みなさん、そう思いませんか？

もし、ないなら数年間は貯金する

300万円というのは月5万円の貯蓄で5年間。年100万円ずつ貯めれば3年、年150万円貯めれば、2年です。正直に申し上げると「そのくらいは貯めましょうよ！」という金額です。

金額的なことだけ考えると、若くて独身、親元から通勤しているサラリーマンは、いちばん貯めることができやすい属性です。「給料が安くて……」とぼやいているのなら、もっと苦しく、厳しい生活が今後に待っています。

そう考えると、若くて独身、親元から通勤しているサラリーマンは、不動産投資の最大のチャンスを迎えている人なのです。

若くて堅実なサラリーマンにそれだけの自己資金があれば、3000万円台の1棟アパートをフルローンで買えます。10室を越えるでしょうから、事業規模ということで、法人扱いにもできるでしょうし、そうなれば経費の自由度も増します。そんなことより、銀行の対応も変わってきます。

そのステージを最初からクリアできれば、あとの借入れ交渉もずいぶんラクになるのです。

僕の教える人が、3DKの古い、売値1500万円のマンションを指値1200万円で購入したケースがあります。家賃3万8000円でなんとか入居者がつきました。借入れも230万円できて、当初の手元資金より潤沢になったといいます。

もし、いまそのマンションを売却すればいくらくらいになるか。収益還元法で計算すると、家賃３万８０００円×12で年間家賃は約45万円。借入金に対する利回りは45万円÷２３０万円で約20％。１％は2・２５万円。１００％とすると２２５万円。１２０万円で購入した古い、誰も購入しないだろうと思うようなマンションは、＋１００万円の２２５万円ほどで売れると銀行は評価する、ということになるわけです。

その人は、その売却額と元手の数十万円があれば、３００万円となり、同じような投資を続けることができるということになります。

お金持ちでも不動産の購入にはお金を使っていないのです

不動産投資をはじめる初期段階のお金のことを、実体験を踏まえつつもう少し詳しく説明しましょう。不動産投資を行っている典型的な人は、かつては全国各地にいる地主さんでした。その人が従事している職業は大家であったり、農業であったり、公務員であったり、地元の小さな会社の経営者であったり、小さな商店をしていたり、さまざまですが、みな先祖、先代からの土地を相続していて、土地そのものは持ち続けていた人たちです。

地主タイプから投資家タイプに

そういう人が「持っている土地を有効活用したい」と、自分の代でアパートを建て、賃貸経営を行ってきたわけです。大家に、より専念するようになったのです。

それらの「地主タイプ」の人は、「お金持ち」とはいっても実態としては「資産」は持っていても、「お金」を持っているかというと、そうともいえません。少し考えてみれば、そのことはすぐわかります。2代、3代と続く相続で、分けやすいお金は遺産分割して、分けにくい土地が残って、それを2代目、3代目が引き継いでいるのですから。

たしかに、いざとなったら処分できる資産があることで余裕は生まれます。でも、現金が豊かにあるわけではないと、意外と生活は質素です。そして、資産を有効活用するという才覚に長けているわけでもないので、贅沢が苦手な人もけっこういます。

そうした地主タイプではなく、いわば「投資家タイプ」と考えられる人も増えてきました。もう一つの典型的なタイプです。これも職業は地主タイプと同様にさまざまですが、不動産を投資の「対象」と考え、「お金がお金を生む、お金に働いてもらう」といった意識が強い人たちです。投資の才覚もあります。アパート経営は銀行融資を利用して行うこともあり、どちらかというと学歴も高く安定的な職業に長く就いている傾向もあります。

そのような人のなかには特別な才覚を活かし、「お金持ち・資産家」と呼ばれる人もいます。「資産数十億円、家賃収入年1億円」などと豪語する人もいます。

ところが、そのような大きな資産を持っている人が、一方で多額の負債を抱えているケースもあります。「資産数十億円、家賃収入年1億円。だけど、借入金の返済が年間数千万円」というタイプです。

それでも、生活は十分に成り立っているわけですから、一般人に比べればゆとりのある生活を楽しんでいます。

不動産への「投資」であればこそ、「融資」が効く

この両者の典型的なタイプについて、ちょっと冷静に考えてみてください。本当にありあまるお金があって、そのお金を使って不動産投資を行っているのか、と。地主タイプの人は土地をもっているからこそ、それを担保に融資を受け、アパート経営をしています。「投資家タイプ」も勤め先の信用があるからこそ、最初の融資を受けることができ、その不動産投資がうまくいっているからこそ次の借入れと投資ができているのです。

もちろん、不動産投資家は両者のタイプにきれいに分けられるものではなく、例外はたくさんあるでしょう。融資が受けられるようになる前の僕も例外の一人といえるかもしれ

ません。

お金はあったほうがいいけれど、なくても不動産投資ができる!

不動産投資を行っている典型的なタイプの人も、みな余裕の自己資金で投資物件を購入し、不動産投資をはじめるわけではありません。お金持ちでも不動産購入のために、じつは大きなお金を用意しているわけではありません。後述する再投資といった手法によって、大きなお金を用意しなくても不動産の購入を続けることができるしくみがあるのです。

ですから、「お金はあったほうがいいけれど、なくても不動産投資ができる!」と安心してください。ただし……、「お金は使うものではなく、活かすもの」といった発想は大切です。これまで、「お金はまず貯めるもの、使うときは貯まった分から使うもの」という考えにどっぷり浸かっていた人は、「活かしてこそのお金」といった発想に少し転換していく必要があります。

300万円以上の貯金から まず、すべきことは何か

さて、あなたも300万円の貯金ができました。もっと大きな額の貯金がある人もいるかもしれません。もし、300万円に満たない貯蓄額の人は、ぜひ、300万円の貯蓄額になるまで〝貯めるクセ〟をつけてください。

お金を貯めるコツは、よく「コップに少し溜まった水を、喉が渇いたからといって飲み干したら、それでおしまい。コップに水がたっぷり溜まるまで、苦しいけどガマンして、あふれた水を舐めれば喉を潤し、しかも水はいっぱい残っている」といった喩えがされます。その金銭感覚です。

身の丈に合わせた不動産投資をやってみる

300万円以上の貯金は、いわばコップに溜めた水。まずは、あふれた水を活かしてみましょう。

いきなり、銀行の窓口に行き、「不動産投資をはじめたいので、融資してください」と相談してもかまいませんが、ちょっと現実的ではないような気もします。とくに僕のように借りられるだけの担保余力すなわちバックボーンがない人間だと、銀行に「また、甘い考え方の人が来た!?」と思われるのがオチです。そこで、いきなりはじめるのではなく、身の丈にあった活動をしてみるのがよいでしょう。

たとえば、僕のように使える駐車スペースがあれば、貸してみるというのも一つの手です。実家に空いたスペースがあれば、倉庫として貸してみるというのも一つの手です。親の実家が空家なら、それを貸すこともできるでしょうし、条件によっては看板を立てたり自動販売機を置いたりする方法もあります。

そのためにはきちんと不動産投資を学ぶことです。不動産は一つの出来事で何十万円、何百万円と差が開く世界です。失敗してから「おかしい」と感じて学びに来たり、マンションの建設が始まってから学びに来たりしても「失敗の事実」を確認するだけです。

僕が主宰する組織に、「大家になる・ＪＰ」（http://ooyaninaru.jp）というものがあります。そこで結果を出しているのは、もともと事業マインドを持った一部の人です。自分にその自信がない場合は、不動産投資家育成協会や日本不動産コミュニティーなどのスクールで、系統だてて知識をつけたほうがよいでしょう。

感じてもらいたいのは、不動産投資の「お金に働いてもらう」という感覚です。自分がせっせと身を粉にして働いて稼ぐサラリーマンとは違います。前述のように駐車スペースを求める人に賃貸で提供すれば、それによって駐車場代という収益が得られます。そこには、労働によって給料を得るのとは、また異なる収益の得方があります。

これも金額的には大きいとはいえませんが、立派な不動産投資です。不動産投資の収益の構造が見えてきます。具体的に構造を理解することはできなくても、感覚的に見えてくることはあるでしょう。そのことが大事なのです。

３００万円、不動産投資活用シミュレーション

では、貯めた３００万円で、それなりの不動産投資をはじめてみることを考えてみましょう。３００万円なら、手軽なのは中古の単身用ワンルームマンションの区分所有です。

３００万円で単身用ワンルームマンションの区分所有をするには、少し古くても安いマンションを購入して小綺麗にして賃貸するのが基本です。地方に行くと激安ワンルーム物件は多数あります。うまく買えばファミリー向けの３ＤＫで１２０万円なんて事例もあります。

そのなかで家賃はいくらいただけそうなのかという観点から逆算して、表面利回り12%以上は欲しいところです。前出の事例は表面利回り36%になっていますけどね！　じつは分譲マンションの区分所有の投資は自主管理しやすいのです。建物の管理は管理組合が担当するので、区分所有する投資家は入居者が入れ替わるときの原状回復工事の手配くらいしかする必要がありません。修繕積立金などで利回りは下がりますが、節約も可能です。

購入して入居者がつくと、家賃が毎月入ってワクワクと少しずつお金が貯まります。何

より、返済残高が減っていけば、その区分所有が自分の資産になっていく感覚を実感できるでしょう。

なお、もし最初に3LDK以上のファミリータイプを購入する場合、自分も住んでシェアハウスにするという方法もあります。自宅部分が51%あれば、自宅ということで固定金利が低い住宅ローンを活用する手もあります。さまざまな工夫のしどころがあるので、ぜひ取り組んでみてください。

ちなみに、僕が35歳のとき、自宅の空いている土地にガレージをつくって賃貸に出した理由は、自宅周辺の駐車場マーケットを調べ、需要があると判断したからです。2件目はワンルームの区分所有でしたが、その理由は最初のガレージ投資が軌道に乗ったからです。その後、その賃貸料を貯めて、3LDKのファミリータイプのマンションに投資したわけです。

不動産投資をはじめるにあたって、お金のないのは悪いことではありません。何より大きな失敗をするリスクも少ないのですから。その段階で思い悩まずに、まずやってみることです。

お金がお金を生むしくみを理解しよう

すべての投資には、**キャピタルゲインとインカムゲイン**という二つの収益があります。キャピタルゲインとは、その投資した資産の価値が変動したことによって得られる収益のこと。価値の変動ですから、上昇もあれば下落もあります。一方、インカムゲインは資産を活かしたことによる収益です。不動産投資では家賃収入ですから、空室や滞納などのトラブルを抱えている場合を除いて、基本的には概ね定額が毎月入ってきます。

再投資によるレバレッジ効果とは？

不動産収入には二つの収益がある、というのは喜ばしいことですが、投資をしたら何もしなくても得られるというわけではありません。キャピタルゲインの場合は、自分ではどうすることもできない面もあり、購入時に資産価値が徐々にでも上がりそうな物件に眼をつけたり、資産価値が目減りしないような対策をとったりする必要があります。

そして、単純に「収益を得たらサラリーマンの給料と同じように使ったらおしまい」ではなく、その収益を「お金がお金を生むしくみ」のなかに投入することが大切です。その典型的な手法が**再投資**ということになります。

アパート1棟に投資して、家賃収入が毎月50万円入ってくるとしましょう。借入れはなしと仮定します。年間600万円の家賃収入を得られることになります。そこから生活費を除いて年200万円のお金を貯めることができたとすると、5年間で1000万円。その1000万円を元手に、再び不動産投資をします。これが再投資の基本形です。

2棟目の物件に投資するとき、頭金が不足しているのであれば、融資を受けることになります。その際には1棟目の物件が担保として活きてきます。1棟目の毎月の家賃は空室が少し長引いたりしたことなどよって、毎月40万円に減っているかもしれません。それでも2棟目からの家賃が毎月50万円入ってくれれば、毎月計90万円。年間で1080万円の家賃収入が得られます。まさに「再投資によって、お金がお金を生むしくみができてきた状

再投資の考え方の例

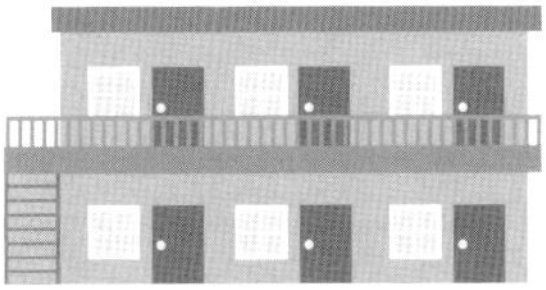

家賃収入は？ → 年間**600万円**

貯蓄は？ → 年間 200 万円と仮定

↓

5 年間で **1000 万円**

再投資の基本形

キャッシュフロー（1000万円）を元手に再び不動産投資

2 棟目で融資を受ける場合は、1 棟目が担保に！

2 棟目の家賃は？ → 年間**600万円**

1 棟目の年間家賃が480万円に減っても、
年間1080万円（40万円+50万円）×12**の家賃収入に**

態」です。

ところがそのとき「2棟目では借入れしてるんでしょ。その返済は大丈夫?」という声もあるでしょう。その返済のお金は、入居者が行ってくれています。1棟目の毎月の家賃40万円をそっくりそのまま返済に回し、2棟目の家賃収入の毎月50万円で暮らせば、以前と変わらぬ生活費で大きな額を返済できます。これが3棟目、4棟目となってくれば、毎月の返済額がより大きくなり、完済までの期間が短縮されます。場合によっては、一定の大きな額を貯めるより、借りて返済したほうが借入れ期間や貯蓄の努力などの負担が軽減されるケースもあります。

そうなると、お金がお金を生むしくみに加速度がついてきた状態です。それを不動産投資のレバレッジ効果ということもできます。レバレッジ(てこ)が効いて、より「お金を生みやすくなるしくみ」を手に入れたということです。

不動産投資に縁のなかった人は、

「なぜ、あの人は何棟も不動産に投資しているんだろう」

と不思議がることもあるでしょう。でも、そういう投資家は、「再投資によるレバレッジ効果」のうま味を知っているのです。最初は300万円で不動産投資に関してできることをやっていた人も、何年後かにはこのうま味を得られる状況になっていきます。ぜひ、そこまでは、がんばりましょう！

いろいろなビジネスに見る「お金がお金を生むしくみ」

お金がお金を生むしくみというのは、不動産投資に限らず、いま、いろいろな方面で誕生しています。

たとえば、最近は**クラウドファウンディング**や**VALU**（バリュー）という手法も、お金がお金を生むしくみといえます。

不動産投資のジャンルとしては、『**TATERU**（タテル）』というサイトが実践している手法もあります。参加する人が出資してクラウドファウンディングのスタイルでお金を殖やし、新築アパートを建てて小口化して……という方法です。

一般に新築アパートの利回りは現在6％くらいでしょう。その物件に対して3％や4％の高い金利でローンを組んで投資した場合、空室が長引くなどちょっと想定外のことが起こると、お金が回らなくなります。その点、『TATERU』のように小口化すれば、少ない出資・投資額、少ない借入金で投資できることになります。すると、大きな失敗をするリスクを減らせるわけです。

もちろん、それぞれ一長一短があるので、僕がぜひ！　とお勧めするわけではありません。要は、いろいろな工夫をして、みんな「お金がお金を生むしくみ」をつくっていこうとしているということです。それができるような環境が自分の住んでいる地域を問わないかたちで、一昔前に比べて格段に整いつつあるのです。

お金を活かす、殖やす投資家の顔をもつ

不動産投資をはじめ、投資をしっかりと続けていると、年々〝顔〟が変わってくるのがわかります。みなさん、投資家の顔になっていくのです。働いて給料をもらい、その給料で生活しているサラリーマンとはちょっと違います。「お金がお金を生むしくみ」のなかで暮らしているのですから、考え方や面持ち・風貌が変わってきて当然です。

その差は一言でいうと、サラリーマンが「入ってきたお金をやりくりする」のに対して、投資家は「入ってくるお金をやりくりする」ということといえます。

貯金が100万円貯まったとき、サラリーマンは「このお金を使って海外旅行にでも行こう！」と考えるとします。ところが不動産投資家は、「この100万円を1100万円にする方法を考えよう！　楽しむのはそれからだ。海外旅行に行って海外の不動産を見て回

るのも楽しいぞ！」と考えるわけです。

要はお金を「使うもの、もしくは貯めるもの」と考えるか「活かすもの、もしくは殖やすもの」と考えるのかの違いです。「投資家の顔」とはそういう違いです。

自己責任だからこその余裕

不動産投資家は端から見れば、不動産情報や間取り図が大好きな〝物件オタク〟に見えるかもしれません。ふだん、みんなが会社勤めをしている平日の昼間に家にいることも多いので、周囲から「あの人は何をやって暮らしているのだろう」と不思議がられることもあるでしょう。

たしかに、不動産投資が軌道に乗れば、同世代のサラリーマンに比べて余裕のある生活ができます。老後は年金破綻の波を受けて汲々としているのではなく、年金＋αの生活なので、やはり余裕ができます。

また、「投資家の顔」というのは、「働いた分のお金をもらう」という考え方の顔でも、「お金をもらう分を働く」という考え方の顔でもありません。お金は労働の対価ではないのです。むしろ、「お金を先に出して、それ以上のお金が入るように計る」のが投資家の顔なのです。

リスクを負う覚悟の顔

僕が脱サラしたとき、すでに自営業者の同級生が事業をはじめていました。彼と話をしたとき感じたことは、何事も自己責任ということを骨の髄まで知ったうえでやっている、ということです。単に頭がいいとか、一流の会社に勤めているとか、そういったこととは別の次元で、覚悟ができている。そんな面持ちでした。

何より、自分の責任で損得勘定や優先順位などを考える習慣があるのです。

最終的なリスクを負う経営者と、負わなくてもいいサラリーマンの顔つきは当然ながら変わってきます。投資もまさに自己責任。つまり、その自営業者の顔が投資家の顔ということもできます。

投資家の顔とは、そうした**最終リスクの責任を負える覚悟があるかどうか**、ということです。チャレンジ精神も大事ですが、一方でリスクを負う覚悟も大事だということです。

第4章

初めての物件を買ってみる

まずは、「大家さん」を経験してみる

さあ、「大家さん」への階段を一歩登ってみましょう。何ごとも経験です。どんなに豊富な不動産の知識を蓄えたとしても、大家への一歩を踏み出した人にはかないません。

大家と大家以外の人の違いはどこにあるのでしょうか。

何かの才能・才覚に長けた人だけが大家になれるのでしょうか。また、弁護士や医者などとてもハードルの高い資格をもっている人なら大家になれるのでしょうか。いずれも違います。

前述したとおり、大家に欠かせない計算は小学生レベル、それより仲介業者で聞き取り調査できるコミュニケーション力など人好きなほうが向いています。教えた女性生徒さんを不動産業者に行かせたら「新規物件が出たら最優先で教えるね」なんて業者の社長にいわれていました。そんなレベルの話です。

自分の判断で進めてこそ、わかることがある

フッーの人との違いを挙げるとすると、僕はお金を貯めるのが好きだったこと、投資するという考え方をもともと持っていたこと、そして、貯蓄を使って**実際に物件を買ってみた**ことです。

自宅のガレージ投資は別として、最初の購入物件は地元・名古屋の区分所有でした。マンションの1室を投資物件として購入し、賃貸に回してみたのです。

銀行からは融資を受けられず、元手は自己資金でまかないました。「融資を受けるなんて俺にはムリ！」と思っていて、たしかに実績のない身では、ムリなことは明らか。自分でできることをやってみただけ、というのが正直なところです。

管理も自主管理です。水回りなどの入居者からの連絡も、自分で対応していました。

それでも、修繕分の細かな積み立てを除けば、家賃がそっくりそのまま収益になります。毎月4万円ほどと大きな額ではありませんでしたが、「これが大家の安定した収益、

インカムゲインか」と感慨を持ったものです。

当時はバブルが崩壊し数年経った頃で、地価の下落も下げ止まっていた状況でした。わずかながらでも資産価値が上がっていく……、売却して現金化していない状況では捕らぬ狸の面もありますが、キャピタルゲインがあることも感じました。

当時、不動産投資について家族は反対でした。世間では普通の対応です。いまでは認めてくれてますけどね。結局、僕は自分の判断で進めていきました。試練はあってよいと思いますし、夫婦仲はよいと自信があります。

脱サラして事業をスタートしたときも、自分の人生に責任を負えるのは自分だけだ、と考えていました。親が責任を負えるわけでもありません。だから、最終的には自分で責任を負うしかないのです。ただし、いろいろなことにブレーキをかけてくれる存在がまったくいないというのも困りもの。その点、家族の存在はありがたいものです。

自主管理にしたほうが、入居者との親近感が湧く

大家になってみて、不動産投資とは何か、ということをあらためて考えることがありま

す。不動産投資そのものが目的ではありません。そこから得られる収入で、家族が幸せになることが目的なのです。

投資そのものばかりに目が行きすぎると、ついそのことを忘れがちになる人もいます。とくに金融商品に投資する投資家はその傾向があるように感じるときもあります。

不動産投資でも、そのことが目的になってしまうと、たくさん稼げたとしても〝不幸なお金持ち〟もいるのだろうと思います。

大家になって初めてわかることはたくさんあります。家賃収入については、そのための通帳をつくりました。毎月4万円ほどがコツコツと入り、管理関連費が1万円くらい出ていって、3万円くらいがコツコツ貯まっていくという感じです。世間では不動産投資は空室や滞納が続いたら大変なことになると警鐘を鳴らしますが、実際にやってみると、よほどのことがないかぎり何とかなるものです。

また、どの管理会社を選ぶかも重要な問題といわれています。でも、可能なかぎり自主管理、自分で管理業務を行えばいいのです。よほど遠距離の物件でややこしい入居者でないかぎり、スムーズに進めることができます。

実際、業者に頼むのは、入居者が変わるときのリフォームくらい。そのほか、次の入居者の客付けは賃貸の仲介会社に頼んだほうが早く次の入居者が決まり、そのためにはお金が要ることもわかります。

要望に応じて業者に対応してもらえば万全

『生活救急車』(http://www.jbr.ne.jp/) というサイト・業者をご存じでしょうか。水回りや鍵のトラブルに速やかに対処してくれる業者です。自主管理していても、入居者から大家である僕のほうに連絡が入ると、そういった業者に依頼したり、入居者に依頼してもらって修理の請求書だけこちらに回してもらったりするケースはよくあるもの。ほとんどの小さなトラブルが、そうした対応で解決できることもわかります。

他にもベンリーというチェーンもあります (http://www.benry.com/)。

管理会社が自前のスタッフで対応していない場合、実際には管理会社がこうした専門業者に依頼することもあるようです。

また、じつはこうしたサイト運営会社が全国の小さな専門業者と提携したうえでサイトを運営しているといった業者間の連携のしくみ、さらにスライド蝶番やナットの調整など自分で部品を購入してきて直すほうが工賃分がかからないので格段に安く上がるといったことも理解できるでしょう。

経験的にいえることですが、自主管理している物件のほうが滞納などの入居者トラブルは少ないようです。きっと、自主管理のほうが入居者に会う機会も増え、互いに顔がわかっている間柄ということも影響しているのでしょう。

身近な立地で小さな物件を購入した場合は、いろいろなことを試してみるといいでしょう。一つひとつのことに誠実に対処することが、本当に新鮮な勉強になります。

自宅を買うより不動産投資を優先する

不動産について教えていると、生徒さんなどに、

「最初から投資物件を買ったほうがいいか、それとも、まず自宅を購入してからにしたほうがいいか」

と聞かれることがあります。そのとき僕は、

「個別のケースで変わってくることはあると思うけど、自宅より先に投資物件を購入したほうがいいかも」

といったことを伝えます。なぜなら、不動産投資はきちんとやれば失敗は他の投資より少ないので、「取り組むと決めたら、できるだけ早いほうがトク」だからです。

ただ、まず自宅を購入することに生活の〝安定感〟を覚える人もいるでしょう。そうい

う人の気持ちもわかります。その場合は「この人は、ソンな選択をしているかも？」と思うことはありますが、「何がなんでも不動産投資を優先せよ！」などと無理強いするつもりはありません。

いずれにせよ投資はすべて自己責任

何より、投資はすべて自己責任です。自分が成功した実績は自分のもとに入り、自分がミスった失敗は自分で引き受けなくてはならないもの。このことを前提として「自宅より不動産投資を優先したほうがいいですよ」と申し上げているのです。

たとえば、頭金1000万円で、3000万円くらいの自宅を返済期間20年くらいのローンで購入したとしましょう。すると、現在の金利だと毎月の返済額は7万円くらいになるはずです。20年間、購入した自宅物件のローンの返済のために、7万円くらいは用意しないといけないのです。

一方、頭金1000万円で3000万円くらいの投資物件をローンで購入し、賃貸に出したとします。返済期間20年のローンを組んだとすると、毎月の返済額は8万円ほどになります。ところが、その投資物件から家賃収入が入ります。その額は物件によりますが、8万円というレベルではないはず。すなわち、毎月の返済は入居者の家賃から行うことができ、一定額のおつりがきます。そのおつりをそのときの自分の賃貸の家賃に補充すれば、いまよりラクな生活が実現できます。もちろん、繰り上げ返済で、早期に資産化することもできるでしょう。

また、そのおつりを積み立てていくとともに、購入した物件を担保として新たな借入れを起こすことができれば、前述のように返済のスピードも上がります。あとは再投資とレバレッジ効果を活かして自己所有の物件を増やしていくのです。

一般論になりますが、30代の不動産投資家の場合、ローンの返済の終わった物件を2〜3戸持てるようになったくらいの40代で自宅の購入を考えても遅くはないはずです。きっとそのときの自宅は、30代で購入する自宅より、もっと自分たち家族の意向を反映させた家と暮らしが実現できるでしょう。

10年、20年と不動産投資でコツコツとお金を貯め、大家としての考え方を身につけたうえで、物件価値を理解して自宅を買うというのが理想です。

僕は、自宅購入のときお金があったから、自宅を優先した

僕の場合は、まず投資用物件より先に自宅を購入しました。その理由を一言でいうと、「お金があったから」です。それと妻の実家に建ててもよい土地があったからです。自宅は『借りぐらしのアリエッティ』状態です。土地がなかったら、値のこなれた中古分譲マンションに住んでいたかもしれません。

購入した当時は事業を営み、儲かっていたので、ふつうの家なら現金で買えるくらいの貯蓄になっていました。ですから、借入金も住宅金融公庫（現・住宅金融支援機構）の基本融資枠（８００万円）を借りた程度です。

自宅を購入しても、その価値は年々下がっていくことは理解していましたし、一方で、いつまでも事業がうまくいくとは限らないということも考えていました。そうしたなかで、「フリーターに転落してもローン返済で破たんしないようにしよう」――、そんな感覚です。融資も元金均等返済といって返すほど毎月の返済額が減り、しっかり借金が減る借り方をしました。

そんな僕の結論を申し上げると、まず、自宅を購入する前に不動産投資をはじめたほうが断然いい。不動産投資の知識や考え方を持って自宅を買えば、大損する物件をつかむことはありません。

いまは自宅用ローンは返済期間も長く設定でき、特に金利も低いのでありがたいのですが、自宅はそもそも負債でしかありません。自宅が先なら、「後戻りのできない失敗をやっているかもしれない、といったことを理解したうえで購入したほうがいい」ということです。

大家さんと知り合いになる方法は？

大家になってみて、初めて気づくことがあります。それは大家同士の交流の豊かさです。不動産投資をはじめる前は「大家って孤独な商売かもしれないなぁ」と思っていた人も、大家同士の交流が実は多いことがわかります。

マーケットは広いため大家同士は競合する関係ではなく、いろいろな情報を交換できる間柄なのです。

自分から飛び込んでいこう

大家同士で懇親することに、仲間を求める気持ちがないわけではありません。ただ、もっと重要なのは、自分が困っていること、やってみたいことに関して**他の大家の意見を聞いてみる**ことです。相談し合い、交流することです。

似たような立場でなければ得られない知恵があるのは、不動産投資家でも、どんな仕事でも同じことです。活きた知恵の交流の場が大家にも欠かせません。

年輩のいわば古いタイプの大家なら、そういった交流についても〝我関せず〟な場合もあります。ところが、若い世代の〝これからの投資家〟なら、とくにいろいろな世代の大家の意見に耳を傾けることも大切です。

では、どこに行ったら大家同士が知り合いになれるでしょう。大都市近郊であれば、それこそ毎日のように金融機関や不動産業者、不動産コンサルタントと呼ばれる人たちが、どこかでセミナーや勉強会を開いています。僕もそのようなセミナーや勉強会によく呼ばれます。

ただし、そのような業者主催のセミナーや勉強会は、結局のところ、自分の事業の見込み客リストの作成や整備などのために行っている面もなきにしもあらずです。

地方の小都市でそういった集まりがない場合、地元の不動産業者と仲よくなっておくことも大事です。管理や客付けなどをお願いする関係であれば、何かの機会に居合わせた大

家を、

「こちら○○市で手広く賃貸経営している大家の△△さん。掘出しの物件情報もけっこうもらえるかも、ね」

などと紹介してもらえることもあるでしょう。

無理強いはしませんが、**大家仲間に飛び込んで大家業を楽しんでみましょう。先輩の大家は、きっとあなたの大家としての大きな悩み・小さな悩みにも的確なアドバイスをしてくれます。**

大家の数だけ知恵がある

インターネット全盛のいま、SNSをちょっと検索すれば、大家に関係するグループがたくさん出てきます。そのなかで相性の合いそうなグループに入ってみるのも一つの手です。ただし、SNSのグループの場合はフタを開けてみると政治色が強かったり、ただの飲み友だちづくりだったりと、グループの主旨が本来は自分の意図していない方向にあったりすることもあります。

大家と付き合えば、みな考え方が微妙に違うので、大家の数だけ知恵があるという考え方もできます。

そうした集まりに参加すると、最初はとても新鮮だと思います。実質利回りとか区分所有とか1棟物とか指値とか、ふだんの生活では使わない言葉がふつうの会話でもたくさん出てきます。築浅物件という言葉でも、受け取り方が一般の人、不動産業者、不動産投資家で違う。〝新参〟の人は、まるで煙に巻かれているような感覚になるわけです。

言葉の意味するところが一人ひとり違えば、考えていることも違ってきます。また〝素性〟がさまざまなことも新鮮です。地主の子であまり苦労もせず、のんびりとしている人もいれば、同じ地主の子でも相続で本当にたいへんな思いをした人もいます。

たとえば、「養子縁組み」といったことも、一般の家庭では大変なことのように思いますが、地主で資産家の人たちの間では、ふつうの出来事として扱われるようなこともわかります。おじいちゃん、おばあちゃんの大家が、消費税の還付とか相続の遺留分、限定承認といった話になると、急に眼を輝かせて経験談を話しはじめたり……。

そういう話を直に聞き、勉強させてもらえることが、のちの大家業を営むためにとても大事なのです。

さらに、融資を受ける銀行を紹介してもらえるケースがあるのも直接的なメリットです。

飛込みで窓口に相談しにいくより、紹介を受けていくほうが、心証面はもちろん信用面のハードルが下がるケースもないとはいえません（審査の基準が引き下げられるわけではありません）。少なくとも紹介があれば、門前払いにはなりません。その差は大きいものです。

大家になりたければまずメンターを探せ！

大家になりたければ、大家として**メンターと呼べる人を見つけること**が大切です。メンターは、「このような大家になりたい」という目標ということもできます。

その人をモデルとして、そのような人になるには、どんな投資手法がよくて何をやめるべきかなどと、モデリングするのです。身近な大家でも、志高く億万長者の大家でもいいでしょう。モデリングすることにより、自分の不動産投資の筋道が見えてきます。

〝ボロ物件高利回り系〟の僕が考えたこと

僕の場合、不動産投資家をめざした最初の頃は、いわゆる〝ボロ物件高利回り系〟の投資を考え、実際にそうした物件を見て回っていました。不動産投資の本も片っ端から読みましたが、どうしても、〝お金はないけど、コツコツがんばってお金持ちになった〟という投資家に関心があったのです。そして、**そういう投資家の行動様式を少しずつ真似てみる**――、それがスタートでした。

一方、最初からいきなり数億円の融資を受け、すぐに資産10億円といった状況になる不動産投資家の行動様式は馴染みませんでした。やはり僕には「借りたくてもカンタンには借りられない」現実があったのです。

いろいろな行動様式を真似てみる

そうしてモデリングしたメンターに会いにいったこともあれば、本を参考にさせていただくだけの関係の人もいます。メンターと実際に仲よくなり、腹を割って話し合う関係になれるかどうかは、メンターを見つけるのとはまた別の資質のように思えます。

メンターを探すという意図もあって、不動産投資に関連するさまざまなセミナーにも出席してみました。それは、一般の起業家がさまざまな起業セミナーや起業家の集まる会合に参加してみるのと同じことです。

不動産投資家は不動産のことだけを勉強していればいいというものでもありません。ときには「片道1時間を超える距離の物件には手を出すな」「入居がついたら、入居者にお礼状を出そう!」といった**ランチェスター戦略**を活かしたセミナーで学ぶこともあります。

もちろん、いまならメールではなく、Facebookメッセンジャーや LINE、インスタグラムを活かした**集客術**を学ぶことも重要です。そういったさまざまな方面での学びや情報交換、交流があってこそ、大家として成長していけると感じています。

僕は、そういうなかで、たとえばホームステイ型民泊可能賃貸を、SNSで仕掛けたらどうかと考えています。それにより、昨今、民泊で問題となっているまったく管理人がわからない投資型民泊の問題の解決策を提示できる、と考えているわけです。海外で一般的なバックパッカーによるドミトリー形式の宿泊を、投資した物件に投資家が住み込みで実現するような形式と考えていただいていいでしょう。

自分に合った物件を探すことも大事

大家の最低条件は、ただ不動産に投資するだけでなく、「物件を購入し、その物件を賃貸に出して家賃収入を得ていること」です。ならば、**大家に必要なのは貸すための物件**ということもできます。

物件そのものを探す方法は**インターネットのオープン情報**がいちばんです。何より格段に情報量が多い。大家として成功するかどうかは物件次第ともいわれるので、毎日30分〜1時間はそうした情報サイトの〝ネットサーフィン〟に費やすのも、あたり前とさえいえます。

ただし、それは物件全般に関することです。立地のほか、1棟アパートかマンションの区分所有か、さらに、ガレージ・倉庫、駐車場から不動産投資をはじめたいとする人もいるでしょう。その場合は、インターネットのサイトも絞られてきます。そう考えると、たんに「物件がほしい」とアレコレとネット検索して探し回るより、「〇〇の物件がほしい」と条件を自分なりに設けたほうが時間のムダを省くことができ、納得できる確度の高い探し方ということができます。

もちろん、「街の不動産業者」と親しくなって物件探しを手伝ってもらうのもいいでしょう。街の不動産仲介業者は原則的に中古物件を扱っています。大規模チェーンに属する小さな不動産賃貸業者も、その地域の不動産情報には詳しいもの。ただし、不動産投資家への対応ではなく、不動産賃貸業者は入居者への対応がメインですし、不動産仲介業者には物件をすでに持っている人の売却を仲介するのがメインになっている業者もいます。

ですから、投資家の物件探しの手伝いができるところは限られてくるともいえます。腕のよい不動産業者の**物上げ力**（物件を持っている人や管理の権限を持っている人から、物件を預かる力量）と融資を引くパイプはすごいものがあります。

さらに、地方で新築1棟アパートに投資し家賃収入を得ようと考える場合、看板は不動産業ですが、建築部門や管理部門がある不動産業者もあります。そうしたところに最初から相談を持ちこむと、立地選定から融資の案内なども含めて不動産投資に関わることにすべて対応してもらえることもあります。

もちろん、どんな場合にもメリットとデメリットがありますので、大事なのは、自分が責任をもって経営できるか調べてから取り組むということでしょう。

大家の会が成功するとは限らないんだよね

僕は、いろいろな大家の会、大家塾を見てきています。不動産投資家にとって、セミナーや勉強会など学ぶ場所はたくさんあります。その多くが自分の会社の顧客リストの整備や見込み客の発掘の意義があるのも事実ですが、知識の内容として高額なスクールにそん色のないレベルのことを教えていることも多数あります。

ただし、受講生が結果を出して成功するかは、知識を超えた問題で「受講生がどう受け取り行動するか」にかかっています。これは心理学や行動科学、コーチングなどが近い問題で、知識だけをどれだけ蓄積しても、「かえって混乱して成功とは離れていく」と思っています。無料の大家の会や大家塾で学んで物件を買わず、業者セミナーで物件を買うのは業者が必死に販売心理学を駆使している可能性があるからです。

前出した〝評論家〟ができ上がるのも、勉強しすぎで混乱した結果です。私の指導経験上〝評論家〟になってしまった人は、投資家としては「廃人」です。成功しない方法に固執するので、いちばんむずかしい。そんな人は、いったんナンパ塾とかに行って、思いっきりメンタルを変えるような学びをしたほうがよいでしょう。

大家の会の多くが最初は成功者が多いけど、組織が大きくなるにつれて成功しない「大家じゃない人のほうが多い大家の会」という事例なんかもあります。こういう場所でも成功する人はいますが、いつの世も成功者はごく一部であることがあたり前なので、自分を成功に導くコミュニティであるかどうかを見極めてください。

一つの目安は成功事例の数と、それが自分に近い事例であるか、それを主催者の吹聴ではなく、実現した生徒さんの声で聞けるかどうかだと思います。無料の大家セミナーも高額スクールも玉石混合ということです。

小さくはじめて大きな雪だるまをつくろう！

不動産投資家、大家としてこれまでやってきて、いくつかのターニングポイントがありました。僕にとっては、受けられなかった銀行融資が受けられるようになったことが大きなターニングポイントでした。小さな雪だるまが転がしていくうちに急に大きくなる。その瞬間を感じたわけです。

それは、不動産投資家としての実績を借入先の銀行も認めてくれたということです。

自分で自分の実績を確認することはもちろん、実績を認めてもらうためもあり、各方面にさまざまな資料を毎月、提出します。物件ごとの入居率の推移や資金計画書、入居状況の一覧や返済予定表などです。顧問税理士に月次で作成を依頼して提出を受けるということをしています。

あらためて借入れの打診をする場合に必要になりそうなこれらの書類は、事前に用意して揃えておく。主要な書類は机に貼って毎日のように確認します。

そうした対応のなかには、自分で身につけたこともあれば、先輩大家からの指摘でやっていることもあります。小さな雪の玉を転がすだけで、自然に大きな雪だるまになるわけではありません。やはり、転がす向きや角度などを考えて微修正しながら転がすことで、大きな真円の雪の玉ができ上がるのです。

最初の物件を購入するにあたっての五つの留意点

最初の物件を購入するにあたって、何に留意したらよいか。それは次の5項目です。

①売りに出した原因
②ちゃんと入居者がつけられるか
③事件・事故の物件ではないか
④近隣に嫌悪施設がないか
⑤買ったとたん大きな修繕が発生しないか

あらためて並べてみると、あたり前のことに思うかもしれません。なぜなら、不動産投資そのもの、また物件購入の留意点はきわめてオーソドクスなものの考え方をしていけば間違いはなく、大きな失敗も起こらないからです。

高値づかみしないために、指値ができるかを試してみる

どんな地域にある物件でも、売りに出した原因には注意すべきです。それは事故物件のようなものではないかということもあります。事故物件でも、その分、安く買えたら気にすることもありません。

それは、結局は「高値づかみをしない」ということでもあります。高値づかみをしないために、売りに出した原因を確認するということが大事になるのです。

高値かそうでないかは第2章の計算式でおおよその金額はつかめます。また、「指値ができるかどうか」を試してみることでも感触がつかめます。その意味で、最初の物件購入から**値切ってみる**ことは大事なのです。

入居者がつくかどうかは物件ごとに見極める

投資するなら東京で、とか、自宅の近所がいい、といった留意点を上げる投資家がいま

す。僕はその観点でいえば、東京・都心部でも、地方・田舎でもどちらでもいいと思っています。

それよりも、どんな土地でも**ちゃんと入居者がつけられるか**のほうが大事な留意点です。これは、どんな土地も同じ目で見ず、それぞれの物件に応じて善し悪しを見極めていくということです。

まず大前提として、都会でも田舎でも安定して入居者が確保できるかを事前に調査して買いましょう。入居率がよければ無理な入居付けで相場より家賃が高くないか？　入居率が悪くても物件が汚いからとか、売主がお年寄りでやる気がない、というような自分で改善できるような内容のものならチャンスです。

どういう人たちが住んでくれるのか？　実力のある仲介業者や管理会社はどこか？　お客さまの〝入り口（入居の相談から実際の入居までの筋道）〟をイメージできるかが大切です。

1棟アパートの入居率はきちんと対策をとれば埋まらない物件は稀です。問題は対策するコストに見合うか、そして対策のアイデアを持っていて実行できるかにあります。事業なのですから、自分で高稼働を実現できるかを調べ、狙いどおりに埋めていくのが基本です。

また、ちゃんと入居者がつけられるかどうかでは、田舎でも人口が減少していない地域、人口増が見込める地域がある点も考慮しておきましょう。

ある土地に人が住むというのは、そこに何かしらの住む理由があるからです。その最大公約数が職場です。その点からすると、大学の近くの学生需要を狙う〝依存物件〟より、地方でも勤め先の多い県庁所在地、県内第2、第3の市街に出やすいほうがリスクは低いといえます。

たとえば、僕の住む東海圏で考えてみましょう。岐阜県可児市の西可児エリアでは、大学が移転しいったん空室率が高まったのですが、その後、医療系の大学が移転してくるということで、今後は空室率も改善されると見込まれています。シンプルに考えて、同じ大学という依存物件なら、ふつうの大学より医療系大学のほうが移転のリスクは低いはずです。それを見込んでのことでしょう。

また、シャープの亀山工場のある三重県亀山市は、工場が閉鎖されるということで空室が一挙に増えたのですが、いまは鴻海工業がディスプレー工場をつくって増員するということで、ずいぶん人が戻ってきています。何をつくっているのかが重要で、最先端のディスプレー設備は、値段次第で必ず世界から買い手が現れます。不動産投資と一緒ですね。

もともと亀山は東海道という日本の大動脈の要所です。鉄道や名神高速道路では関ヶ原に大動脈としての地位を譲ったものの、その後の高速道路網は亀山周辺に集中している傾向もあります。

事件・事故の物件は事故物件公示サイトで1回は確認する

事故物件については仲介業者から購入する場合は仲介業者に説明の義務がありますし、最近では「大島てる」という人物・運営会社の事故物件公示サイトも参考になります(https://www.oshimaland.co.jp/)。

僕個人の考え方ですが、事故物件については、事故物件であることがわかり、それでも儲かる物件なら喜んで購入したいです。

僕は霊感はなく心霊現象を信じていません。岐阜のボロマンションを関係者5人で見に行ったときのこと。「いちばんきれいな、この部屋から貸そう」と話していた部屋が、孤独死した方が住んでいた部屋でした。管理会社の担当に「ニオイはなかったですか?」と聞かれたけれど、臭いも抜けていると、5人全員がわからない。つまり、霊気より臭気のほうが事故がわかる——実態はそんなものです。

なお、仲介業者には事故物件については説明義務がありますが、大家が入居者に直接貸す場合には説明義務はありません。また、事故物件をふつうの賃貸アパート・マンションにするのではなく、立地によってはマンスリーアパート・マンション、貸し会議室、民泊などで活用する手もあります。工夫次第で活用の方法はいろいろあるのです。

嫌悪施設は、その施設からの臭いに注意

嫌悪施設が近隣にあることも事故物件の留意点とほぼ同じです。

ただし、これも個人的な意見ですが、墓地などの嫌悪施設をほとんど気にしない人でも、臭いが強いところはダメなのでは？　と思います。それを除けば、嫌悪施設が隣にあっても、安く買えるならそのほうがいいという考え方です。

大きな修繕については、リフォーム業者を連れて見に行こう

大きな修繕については、リフォーム業者など連れて見に行きましょう。前述した岐阜の〝孤独死物件〟を5人で見たのも、僕以外は不動産業者とリフォーム業者です。

事前に売主や仲介業者にしっかりと聞くことも大切ですが、高く売りたいために嘘をつく可能性があることも注意が必要です。

また、とくにお金がかかって確認しにくい場所は屋上です。上がって見られればよいのですが、見られなければ近隣の高い建物から見るほか、建物四隅の雨どい回りを見ると、屋上の痛みが推測できます。塗装は手で触って粉がつく塗装だと塗替え時期が問題となり、タイル物件は窓回りから傷みはじめます。

もっとも怖いのは、オートロックやエレベータなどの設備の予期せぬ大きな修繕です。すぐに直さないといけないからです。カバーできる保険を探したり、その分、安く購入し、リスクに備え自分の考えを活かしてリフォームやリノベーションするというなら検討に値します。

第5章

2棟目、3棟目……の複利を体験する

自分の投資遍歴を振り返ってみる

自分の不動産投資を振り返ってみると、家賃収入で貯めたお金で投資を重ねる、すなわち再投資で資産・収入を拡大させてきたということがわかります。

1棟目は自宅の空きスペースにつくったガレージです。2棟目はワンルームの区分所有で、月4万2000円の家賃収入がありました。3棟目は3LDKのファミリータイプ。当初は月8万円の家賃収入でしたが、最終的には9万8000円まで家賃を上げることができました。

ここまでは、前の投資の家賃収入で得たお金のほか、3棟目で200万円ほど貯金を崩して、いわば自己資金、キャッシュで投資を重ねたわけです。

4棟目が北海道江別市の24戸の学生アパートです。当時、利回りは28%で購入金額は

銀行の融資を受けるまでの僕の不動産投資

1棟目
自宅の空きスペースにつくったガレージ

2棟目
ワンルームの区分所有
月4万2000円の家賃収入
7年ほどで売却

3棟目
3LDKのファミリータイプ
月8万円の家賃収入
最終的には9万8000円まで
家賃を上げ、7年ほどで売却

4棟目
北海道江別市の24戸の学生アパート
利回り約28%
購入金額3800万円

5棟目
北海道で4戸のアパート
利回り約27%
購入金額800万円

6棟目
名古屋で12戸のアパート
利回り約11%
購入価格9200万円
銀行から借入れ

3800万円。さらにもう1棟、北海道で4戸のアパートを購入しました。これが5棟目です。利回り27%の物件で、購入金額は800万円でした。

6棟目で初めて借入れができた！

結局、僕の場合、銀行が融資してくれなかったので5棟までほぼ自己資金で購入しました。そのため、家賃がまるまる収入となったわけです。

そして6棟目、名古屋の物件は12戸で利回りは約11%。購入価格は9200万円でした。このとき初めて融資を受けることができたのです。やっと実績が認められ、融資を受けることができた！　と小躍りして喜んだことを覚えています。

その後も投資を重ね、一部は売却して売却益を得て、その額を再投資に活用したりして、不動産投資家として多くの手法を実践してきました。これまでの総投資戸数は約140戸（室）。現在は8棟で100戸ほどの大家となり、家賃年収は9000万円、税引き前のキャッシュフローは年3000万円になっています。また、名古屋でゲストハウス「みゆき旅館」を経営しています。

その経験からいうと、最初は300万円でできることをはじめてもいいのですが、ある時期に、1000万円くらいの自己資金で4000万円くらいの融資を受けて、合計5000万円くらいの1棟アパートを購入することをお勧めします。

小さくはじめれば、大きな失敗はしません。その段階までくれば、誰でも自分の不動産投資が軌道に乗っていることが実感できるでしょう。

「事業的規模5棟10室」にはどんな効果があるか?

はたして、どのくらいの物件数や金額に投資すれば、個人の不動産投資家から事業としての不動産投資に〝格上げ〟されたと考えられるのでしょうか。

不動産投資の業界では「5棟10室」という表現がよくされます。まさに、その規模が個人としての不動産投資を超え、事業としての不動産投資の基準といっていいでしょう。

「基準」とはいっても法的に厳密なものではないので、いろいろな解釈があります。物件として「一戸建てなら5棟、区分所有なら10室」という考え方をするケースがありますし、一戸建て、1棟アパート、区分所有トータルして「5棟10室」といった規模感を表現しているケースもあります。

税務上の5棟10室とは？

また、「5棟10室」は、**税務として事業的規模かどうかの判定基準**とされています。「一戸建てなら5棟、区分所有なら10室」を超えるようになれば、それは家業や個人の賃貸というより、会社としての事業的規模・業務に該当するという考え方です。

税務の基準といっても、何が変わってくるのか。その一つに必要経費として認められるかどうかの対応の違いがあります。では、なぜ、必要経費のとらえ方に違いがあると問題なのか。結局、必要経費の対応の違いにより、所得税の額が変わってくるからです。

細かく見ていくと、棟数、室数だけでなく、投資の金額や必要経費の使い方・計上のしかたによってまさにケース・バイ・ケースですが、ここでは、ざっくりと5棟10室を基準として、税金面でも事業に対する見方が変わってくるということを覚えておきましょう。

もちろん、自分自身による自分の投資に対する見方・考え方も変わってきます。「もう個人的な副業とか個人の事業というだけでとらえていてはいけない。事業の規模もそれなりに大きくなって、法人として取り組むべき事業である」といったように意識を変えなくてはいけない場面もあるというくらいには理解しておくべきでしょう。

銀行の融資の判断基準にもなる

5棟10室という基準を満たすと、税務署はもちろん銀行も事業的規模として認めやすいということがいえます。銀行は大原則として税金を納めている人や会社に対して融資を実行するのですから、**融資を引き出しやすくなる**ということです。さらに、税務的には売却した際にかかる費用を含めて経費にできる部分が増えますから、それを「お金を生み出すしくみ」の自由度が増すと考えていいでしょう。

僕個人の体験からの反省ですが、お金がたくさんあり、信用があれば、最初から法人としてはじめたほうが事業性の融資を引きやすく、よりスピードアップして資産を築けたでしょう。もちろん、資産管理法人としてスタートさせていれば、より事業として賃貸業に取り組むことが明確になってよかったのかもしれません。

最初は家賃収入3000万円を目標に、キャッシュフローを重視

感覚的には不動産投資をはじめた当初は家賃収入3000万円を目標にしていました。2004年に買ったサラリーマン投資家・山田里志さんの本『実録 サラリーマンの私にもできた！ アパート・マンション経営』の影響です。当時は家賃収入が3000万円あればスゴイ、大家でセミリタイヤ！、そして僕は自由だ！ なんてね。単純そのものです。

その額に到達する前に融資を受けて再投資をしていたので、3000万円になった時点での返済比率は約22％でした。銀行にとっては、とても優良な不動産投資家ということができます。

ただ、実際に3000万円という目標額に到達してみると、それ以前と生活はさほど変わらないというのが正直なところでした。「たいしたことないな」が、素朴な印象だったのです。

それでも、不動産投資を行い、賃貸業を営み、大家と呼ばれる存在になるということは

キャッシュフローが重要だということはよくわかりました。

資産が数十億円あっても、家賃収入のほとんどを返済に回さざるを得ず、キャッシュフローが厳しい投資家はたくさんいます。そういう人はみな、決算のフタを開けてみると、返済比率がものすごく高いのです。

それではいくら収入があっても経済的に豊かとはいえません。返すために稼いでいる、返すために入居者に家賃を入れてもらっている――、そのような状態なのです。これでは「お金がお金を生むしくみ」ではありません。その差を歴然と感じました。

一定規模になるまでは返済比率に留意する

最初に物件を購入するときの留意点は前述のとおりです。そのうえで銀行から融資を受けながら再投資を続けるときの留意点は、返済比率です。

このご時世、若い投資家の最初の段階では、60％以上になるときもあるはずです。「小さい物件なら返済比率が高くても働いて返せばいい」という考え方もできます。

しかし、億単位の資産だと労働収入でカバーをするのは非現実的です。ですから一定規模になるまで返済比率をなるべく低く保ち、キャッシュフロー経営の体質をとっていくことが重要です。経営はキャッシュ イズ キング、キャッシュがショートしないことがもっとも大切です。

僕の場合は40％以下が理想で、いまは新築の物件を融資を受けて購入したときに50％を超える程度。返済比率を一定以下に抑えつつ不動産投資を進めれば、どんな銀行にも健全な不動産投資家と評価されるはずです。

大家としてのステージを変える

2棟目の物件を手に入れるようになると、大家としてのステージが変わることに気づくでしょう。もはや、とりあえず1棟物件を購入して賃貸に出してみようといった試行的な気持ちではなくなるはず。額は大きくなくても、1棟目の物件で家賃収入を得て、「これでやっていけるかもしれない」と少しは続ける自信も出てきたのではないでしょうか。

そして、**ほとんどの人が2棟目は融資を利用**します。1棟目はコツコツ貯めた800万円、退職金の1500万円といったキャッシュがあり、それを頭金にして現金で投資物件を購入した人も、2棟目になると本腰を入れるようになり、「1棟目を担保に2棟目では融資を活用して大きな投資をしよう」という気になるものです。

大家であるとともに、不動産投資の実業家でもある

不動産投資で融資を活用して物件を購入する対応は、まさに事業の先行投資。その対応にともなって大家としてのステージも変わります。前述のように「ただの大家さん」から「不動産投資の実業家」としての大家に意識が変わるのです。変わらない人は変えないといけないということができるでしょう。

たしかに1棟、2棟では、税務上の基準でもある「5棟10室」には満たない場合もあるかもしれません。しかし、そういった社会的要請に先んじて、自分のほうから意識を変えていくことも大切です。

融資を受けることになれば、必ず、返済予定表が融資を受けた金融機関から届きます。それを「あ〜、完済まで20年かかるのか」などとげんなりしつつ眺めるか、自分の投資の資金繰り表の一部として確認できるか。ここが分かれ目です。

資金繰り表として見ることができれば、どうやって返済のスピードを上げることができるか、逆に無理なく返済するにはどうしたらよいか、返済とは別に修繕のためにいくらく

らいお金を用意しておかなければいけないか、3棟目、4棟目の購入のチャンスはどのくらいの時期になりそうか……と、毎月、毎年の「入りと出」を確認しつつ不動産投資に取り組んでいくこともできるでしょう。

そのような対応に自然に慣れていくことが、大家としてのステージが変わるということなのです。

ステージが変わったとき注意したい〝変な失敗〟

ステージが変わったとき注意したいのは、往々にして〝変な失敗〟をするということです。僕の場合は、たしかに融資を受けられるようになって、ステージが変わったことを実感しました。その一方で、お金が貯まってくるので、〝浮気心〟で不動産投資でも異種の物件に投資してしまったのです。

僕自身、マレーシアにコンドミニアムを購入し、まったく収益を生むことができなかったという苦い経験があります。正確にいうと、不動産会社と弁護士が結託して日本人投資家に高値づかみをさせていたということです。それがわかったので、さっさと売って「為替で勝って物件で負けた」ということで、トントンでした。

結果としては海外は恐ろしく適当で「慣れない海外の物件になんて手を出すものじゃない」と思いました。ステージが変わって浮かれていた勉強代ですね。

ただ、銀行融資が受けられるようになって、ステージが変わったことは本当に実感しました。億に近い単位の物件が購入できる！　と。そして、責任はもちろん大きくなりますが、８９００万円の融資を受けました。でかい物件が買えた！　と小躍りしました。

銀行融資の紹介を受けるメリット

６棟目を購入するまでも、何度か銀行の窓口に相談しに行ったことはありますが、門前払いのような対応を受けたこともあります。そこで、融資の相談では先輩大家の紹介を受けて行くことにしました。

銀行融資の紹介を受けるメリットは二つあります。一つは先輩の大家は「○○銀行の△△支店の××さんという担当者が不動産融資に積極的だ」などと、担当者まで知っていることです。その紹介を受けることができれば、少し遠方でも、その担当者に相談に行くこともできます。

あとは、ゼッタイに門前払いはされないことでしょうか。なかなか融資を受けることができず、資産はあっても所得は少なかった人間にとって、この対応はホントにありがたいものでした。

銀行融資には総論と各論があります。たとえば、国の銀行である日本政策金融公庫は、不動産投資家もまず門を叩くべき金融機関ともいわれていますが、僕は積極的には利用しませんでした。

的確にはいえませんが、そのときの身近な支店と僕の要望とのタイミングが違っていたように思います。たとえば、日本政策金融公庫の場合、アパートの購入時に所有権を移転させてからというのが原則です。しかし、その所有権の移転の時期と本当にお金が入り用な時期がズレる場合があります。そのズレに対して、つなぎ融資を受けないといけないということにもなり、だったら、つなぎ融資が実現できる銀行で本来の融資を受けるという対応もあります。ですから、僕は最初の借入れでは日本政策金融公庫を利用しなかったというわけです。

最初は、管理を自分でやると詳しくなります！

大家になった最初の頃の物件は管理費の5％がもったいなくて自分で管理をしていました。大家の顔が見える関係では、そんなに家賃滞納なんてありません。こういう話をすると驚かれます。でも、しくみ化すれば簡単なことです。遠方だと入居募集に困ることはありますが、メンテナンスはチーム編成して入居者さんを味方につければOKです。

大事なことは前述のとおり、自分が駆けつけなくてもいいしくみを自分でつくっていくことです。水回り、鍵、地デジアンテナ、Wi-Fi……それぞれについてその物件に対応してもらえるところをリストアップしておき、自分で対応できない場合には依頼するということです。

メンテナンスに詳しくなると、下請けに投げるだけの管理会社の担当者より自分が詳しいなんてことも出てきます。地デジの工事で100万円かかるといわれたものをローラー見積りで、ゼロにした経験もあります。普通のアンテナ設置なんか3万～4万円が相場ですからね。ボラれっぷりにびっくりです（笑）。

「信用してください」というやつは信用するな！

大家としてのステージが変われば、人づきあいも変わってきます。これまでは、不動産業者、銀行、管理会社などいろいろな人や業者にお願いするばかりだったのに、相手から相談されたりお願いされたりすることも増えてくるのです。

「ぜひ、管理はウチを使ってください」

「こんなセキュリティが入居者さまに求められています」

「事業者さまには、このような大型の保険がお勧めです」

言葉巧みに契約することを求めてきます。

アパート2棟、3棟に投資するようになると、10室というより50室レベルになりますから、相手もこちらをそれなりの事業家として見てきます。そして、ついそうした誘いの言葉に乗せられて、本来ならしなくてもよい契約をしてしまう場合もあります。

信用するに足るバックボーンのない人が使う言葉

このとき注意したいのは、**「僕を信用してください！」といった言葉でアピールしてくる相手を信用しない**ことです。そういうタイプの人間は、信用されるに足るバックボーンがないからこそ、「自分を信用してください」と頼みこんでいるにすぎません。

そもそも、自分のことを振り返ってみてください。たとえば融資を受けようとしたとき、担保や保証などの信用力に欠ける部分があると、最後には、

「僕を信用してください」

といってお願いすることがあるかもしれなかったはず。そのときの気分に、相手はなっているのです。「信用してください！」は、自分に信用に足るものがなくなったときに最後に出る言葉。そこで信用してしまうと、あとでしっぺ返しを受けかねません。

本当に信用できる相手は、そんな言葉を安易には使わないものです。気をつけてくださいね。

不動産業者にだまされてしまうことも……

僕も他の不動産投資家も同様だと思いますが、不動産投資を進めていると、不動産業者からの連絡も増えます。そのなかで、怪しい業者がよく「信用してください」といいます。建設現場で「安全第一」と書いた看板を見かけることがあると思います。安全じゃないから「安全第一」と書く。そのようなものでしょう。

僕も、そうした言葉につい乗って、鳥取の不動産業者にだまされたことがありました。手付金を入れた分譲地をその後、転売されてしまった。法的には宅建業法違反です。

そうなると、法律違反は明らかになっても、何年もかけて回収することになります。

こうしたケースで基本的に気をつけたほうがいいのは、「信用してください」という言葉とともに、「先にお金をください」「早く手付けを収めてください」といわんばかりの業者。話し合い、交渉することを避けているような業者です。そういう業者のなかに、手付金をたくさんのお客さんから集めて逃げる手付金詐欺も発生します。

だまされることを避ける、いくつかの予防法を紹介しておきましょう。

①手付金はなるべく少なく、なるべく遅いタイミングで差し入れる

不動産売買契約を締結するには手付金を入れないといけないのですが、契約が流れるとトラブルになりやすいのです。裁判を起こして4年がかりで回収した友人もいます。そのような事態を避けるには、リスクを限定するということです。

②自分の知り合いの不動産業者に間に入ってもらう

「あなたへの手付金はウチで保管する」といっても知り合いの不動産業者が嫌がれば、相手が怪しい業者だと察しがつきます。

③売主の振込先を教えてもらい、一緒に手付金を振り込んでもらう

手付金は本来、仲介業者に支払うものではなく、売主に支払うもの。さらに、その振込先の氏名などから登記簿を上げて、売主の素性を確認するのもいいでしょう。

依存体質の人が信じてしまう

「信じてください」といった言葉に乗せられて、大家としてうまくいかない人は、少し依存体質の人かもしれません。信用すると任せっきりにしてしまう人、お金を払うのだからやってもらって当然と思っている人、人を信じてまったく疑わない〝根っからの善人〟などです。

コンサルタントといった肩書の人に対しても、活用することは大事ですが、依存してしまうといけません。念のため自分でも学び、考えるのです。

不動産業者は不動産を売るのが目的です。売主と買主の利益が相反する以上、買主有利なときばかりではないはずです。収益不動産を売ったクライアントが思ったほど儲からなかったとしても、その投資は自己責任。不動産を買ったクライアントを儲けさせるのが一次的な目的ではありません。

ところが、コンサルタントは違います。クライアントの利益ファーストでなければならない。投資は自己責任ですので、考えさせるということもコンサルタントとして欠かせない役割なのです。コンサルタントの仕事は、クライアントに魚を与えることではなく、釣り方を教え、クライアントが自立していちばんなやり方を選べるようにするのが仕事なのです。

不動産の周辺には、投資コンサルタントもいれば、管理費用削減コンサルタントなど多種多様なコンサルタントがいます。そのなかには魚の釣り方を教えるときに、マージンをいちばんの目的に、竿やエサ、おとりなどについて、特定業者のものを推奨するケースもあるでしょう。

そういうときは答えが一択ですね。そうしたコンサルタントの意見に依存せず、複数の選択肢から選べる、調べ方を聞くといったことが、コンサルタントの活用としては重要になってくるのです。

そうとらえると、安易に信用してはいけないという意味がわかると思います。

大家としていちばん重要なことは「他人」に依存しないこと

2棟目の投資に踏み切ったあなたは、すでに一段高いステージに上がった大家です。ただの個人の不動産投資家ではなく、事業家としての顔もあわせ持った存在です。

その立場は自分だけで築いたわけではなく、先輩として成功している不動産投資家、金融機関、さまざまな不動産業者、入居者、家族などたくさんの人たちの協力があってこそできたことです。

けっして自分だけで実現できたわけではありません。そのことを実感し、感謝して、なお大切なのは、他人に依存しないことです。

大家の社会性に甘えない

なぜ他人に依存してはいけないのか。不動産投資家はリターンを自分のものにしてこそ投資家だからです。不動産投資家を大家といい換えてもいいでしょう。大家は「広く住居を提供することで地域に貢献している」社会性の高い存在です。しかし、その社会性に甘えてはいけないのです。お金に余裕があって行っている慈善活動・ボランティアではありません。自分自身がしっかり儲けてこそ実現できる仕事なのです。

大切なのは、他人に感謝しても依存しないこと。自分自身できちんとやりくりできる収益を得て、そのうえで不動産投資に関するアドバイスなどを行っていくことです。

他人に依存しないために、実績をつくる

他人に依存しないために大切なのは実績です。それしかありません。

また、他人に依存しないという観点では、繰り返しになりますが、**管理会社に依存しな**

いということも重要なポイントです。実績をつければつけるほど、管理会社を選ぶポイントも絞り込めます。なんでも任せておけば安心という管理会社だと、結局、自分が損をするケースもあるので、客付けだけを頼むなどピンポイントの依頼もよいでしょう。

全国展開もしくは地域でいちばんの管理会社の場合は、銀行と同様に、担当者による差がけっこうあります。サービス内容そのものの差はなくても、他の大家や入居者からのウケの違いような差があるのです。

なぜか空室が埋まりにくい管理会社の営業店もあります。そうしたものを見極めていくことも、業者依存に終わらず業者を活用することの一つです。

空室対策としていちばん重要なのは入居者が埋まる物件を買うこと!

空室対策としていちばん重要なのは不動産投資の入口、物件を買うときに埋まる物件を買うことです。

すごいことに感じるかもしれませんね! でも、種明かしをすれば理屈はカンタン。近隣の賃貸仲介業者に聞き込み調査をするのです。質問だってカンタンです(笑)。「この物件を満室にするにはどんな条件で募集し、どこを直したらよいか」ということです。

埋めるための企画プランも用意する

購入時に空室が埋まる物件にする留意点は、リフォーム予算が足りなくならないよう見込んでおくこと。これと入居者の募集条件を明確にしておくこと。この2点をしっかり押さえたら、結構埋まります。僕も講師の一人として活動している不動産実務検定（日本不動産コミュニティー認定）でも「新築企画、中古購入が8割」といったテーマで、物件の購入時の企画の重要性を訴えています。

これは、新築であれば、どういう企画で建てるかということ。中古であれば、どういう企画でリフォームをして近隣物件より有利な物件を創造するか、ということです。その重要性が、空室対策のほとんどを占めます。

新築も中古の空室対策でも重要なことに、エリアマーケティングがあります。

まず、聞き込み調査をする前に、自宅のパソコンで次のことを調べます。

・そのアパート、マンションの家賃相場（HOMES家賃相場）
・近隣アパート、マンションの設備状態（SUMO賃貸経営サポート）
・お客はどういう間取りのニーズが高いか（見える！ 賃貸経営）

これらによって需要を調べ、修繕の企画などに活かしていきます。

修繕に活かすという意味では、地域の力のあるリフォーム業者に聞き取り調査するのもお勧めです。

「このアパートを買おうと思っていて、買った場合には修繕を頼むつもりです。そこで、この地域や入居者のニーズなどを教えてください」

といったアプローチをすれば、ほとんどの業者が何らかの修繕のヒントを教えてくれるはず。そうした調査により、修繕にかかりそうな値段の相場感もつかめるでしょう。

想定される入居者の属性で、対応が変わる

聞き取り内容のうち、お客さんの属性について考えてみます。属性とは、近所からの引き合いなのか、遠方なのか、学生なのか、独身サラリーマンか、年輩者なのか、男女、通勤先、退去理由、値ごろ感などですが、それによって、大家としてやるべきことが変わってきます。立地そのものは動かせないので、立地条件以外のことで対処していくのです。

地方でも特定の市や地域に空室率の低い場所があります。東海圏でいうと、三重県のいなべ市の特定の地域、同じ三重県では桑名市の駅前周辺も同様です。そういった地域を探し、実際に現地を見て回り、その地域の物件を購入できれば、入居者の属性に応じた企画を用意していく。それも不動産投資家の工夫のしどころです。

僕もいなべ市にマンションを1棟所有し、満室経営が実現できています。通称〝ガンダム〟みたいなマンション。市街地らしい市街地がない地域ですが、それでも満室経営が可能なのです。

それは、築7年の物件を購入し、薄汚れた外装を目立つようなイメージで塗り替えました。近頃のはやりでいうと、インスタ映えする物件です。

また、内装にも少し手を加えました。太い回線を引きフリーWi-Fiにしたり。周辺にまだフリーWi-Fiが浸透していなかったので、入居者、とくに**若い入居者にとってはメリットが大きい**でしょう。

その物件には、いまも問い合わせが多く、見学者もよく訪れます。賃貸の仲介もスマホでやるのがあたり前の時代になり、SNSで物件を知ったという入居者が増えていますね。

そうなると、入居者が入れ替わる際の客付けのために大家が賃貸仲介業者に支払っていた広告料も変わってきます。空室対策を自分の手で行えるようになれば、大家に関連するお金の流れも変わってくるかもしれません。

家賃保証が招くトラブルに注意

1棟アパートに投資する際、**空室対策の巧拙が家賃収入の多寡に大きな影響**を与えます。それを回避するために、売主不動産会社が家賃保証するケースも多いようです。

家賃保証とは、物件の管理会社が貸主である大家に、入居者がつかず空室が発生したときも家賃を保証して支払うというしくみです。もちろん、その分のリスクが販売価格や管理手数料に盛り込まれているのですが、保険のように特定の人のリスクを契約者全員で負うようになるため、実質的に貸主である大家は大きな負担を強いられずにすみます。同様のしくみとして家賃の滞納保証もあります。

ところが、この家賃保証がちょっとクセモノです。いろいろな条件がつくのです。たとえば、期限がつく場合。家賃保証期間が2年など期間がある場合です。それ以降の期間については家賃保証されません。そのため、保証期間以降は空室リスクをまるごと大家が負う状態になってしまいます。

また、社会情勢などの大幅な変動による場合など、家賃保証の保証額が変更されるケースもあります。家賃の増減によって保証額が変わるのであれば、「保証」とはいえない状態かもしれません。

通常の家賃保証では「期間と状況」の両方の〝合わせ技〟で保証額が変動します。そのことを想定していない大家にとっては「なんでやねん！」状態です。

僕は家賃保証は原則やりませんし、管理会社の利用については極力抑えています。遠方の物件、つきあいの兼ね合いで契約している物件がある程度です。その場合も必要に応じて管理会社を見直しています。

なぜなら、そもそも調査して買えば、空室をはじめ滞納など家賃が入ってこないリスクはそれほど大きいものではないからです。可能性としては10の区分所有があるとしたら、1軒あるかどうか。しかもふつうは2～3か月もすれば次の入居者がつくものです。空室リスクは世間でいうほど大きなものではないと考えています。

であるなら、空室リスクとして大切なことは何か。僕は二つのコミュニケーションにあると考えています。

結局はコミュニケーションが重要に

コミュニケーションの一つは前述のように、想定される入居者全体、いわば入居者という消費者とのコミュニケーションです。どのような賃貸需要があるかなどについて、さまざまなことを想定しつつ、購入物件を絞ったり、想定される入居者に受け入れられやすいリフォームをしたりすることです。大げさにいうと、**消費者コミュニケーション**ということもできます。

もう一つは**一人ひとりの入居者とのコミュニケーション**です。入居者にとっては管理をどの会社が行っているかはあまり気にしないものです。愛想のいい管理会社か、がめつい管理会社かを気にする程度でしょう。

大家も似たようなところがあります。要は愛想が悪くなく、「ふつうのことをふつうにやってくれる大家」であることが大切なのではないでしょうか。

僕は管理会社が行うようなことを、自分を通してやるようにしています。1棟アパートの水回りのトラブルがあれば、すぐ対応してくれる配管業者に連絡してもらうように伝え、入居者の入れ替りの時期の原状回復では、見積りをとって安くていい業者に頼むようにしています。

すべてを業者任せにしている大家に比べ、手間はかかるかもしれません。ですが、結局、そのほうが安くて、いい対応をしてくれるのです。物件に対する愛着も湧きますし、入居者への感謝の気持ちも湧いてきます。自然と入居者や関連業者とのコミュニケーションも増えます。物件の状況を把握することが空室対策の第一歩なので、みずから積極的に関わるほうが、空室率は低くなります。

入居者としても、「家賃収入さえ確実に入ればいい」と思っている大家よりはいいのではないでしょうか。「不都合がなければ、もう少し住んでみようか」と、入居者に思ってもらえる物件であり大家でありたいですね。

大家としての心構えはTTP

大家としての心構えは、**いいことは「徹底的にパクる」**、略してTTPです。

客付け、空室対策、修繕、リフォーム、すべてにおいていろいろな物件や情報から、「いいな」と思ったことはパクる姿勢で取り組んでみましょう。

空室対策を例に挙げると、その解決につながる書籍はたくさん出ています。ところが、それを実行している人は本当に少ないもの。多くの人が読んで知識としているだけで満足してしまっているのです。

そのレベルを乗り越えて、自分なりの「空室対策リスト」といったものをつくっておくとよいでしょう。

〝汚部屋《おべや》〟をおしゃれなピンクの部屋に

外壁の塗装やフルリフォームなど、お金がかかり、カンタンには対応できないことはありますが、一方で内装などで手軽にできることもたくさんあります。僕が所有する名古屋の女性用シェアハウスの物件ですが、前の入居者が〝汚部屋《おべや》〟っぽくしてしまったのをきれいに直して、ピンクを基調とした壁紙やカーテンに変え、すぐに入居者がついた例もあります。

そのときは、『マザーグースの森』のおもちゃをイメージしました。同じピンクでも色合いが派手なものと白との風合いがよいものがあります。そこで、内装業者のところに『マザーグースの森』のおもちゃを実際に持っていき、「このイメージで内装をリフォームしてください」と頼んだわけです。

色の説明は口頭ではむずかしい面もあるので、パクってもらうならイメージしているものの実物を持っていって説明するのがいちばんです。

そのほか、パクる方法としていちばんカンタンなのは、「いいな」と思う部屋などがあったら**写真を撮っておく**ことです。

僕がいま他の大家にお勧めしているのはカーテンです。カーテン一つで部屋のイメージがずいぶん変わります。もし、入居者がそのカーテンが気に入らなければ、自分でつけ替えてもらえばいい。気に入ってもらえば「カーテンは差し上げます」ということでいいのです。カンタンに取り外しできるカーテンならば、そうした自由度もあります。

大家として大事なのは、入居者に「いいな」と思ってもらえること。そのために大家ができる工夫は何でもすべきだと思います。

また、この10年くらいの傾向ですが、壁紙でアクセントクロスを取り入れることも検討に値します。従来は、白か淡いクリーム一色のクロスが主流だったのですが、それに比べてちょっとだけ部屋がゴージャスに見えます。

もちろん、家具を置いた場合にジャマにならないアクセントがいいとか、カーテンが無地のものでないと合わせづらいといったむずかしさもありますが、少なくとも大家がいろいろなことに気を配っている部屋だということは理解してもらえます。

可能なかぎりいい仲間を増やそう

2棟目、3棟目と増えていけば、大家としてのステージも確実に上がります。それで世に知られるといった大げさなことではありませんが、大家の仲間うちでは「手広くがんばっている」といった評判が立つものです。「うまくいくコツを教えてくださいよ」といったアドバイスを求められることもあるでしょう。

当然ながら関わりのある業者も増えてきます。客付けしてくれる身近な賃貸仲介業者も「おたくの物件はわりとすぐ埋まるから、喜んで対応しますよ」と愛想よくいってくれることもあるでしょう。

セキュリティ関連の業者にも、トラブル時に対応してくれる業者にも、同様のことがいえます。投資した物件が増えるほどに、業者とのつながりが広くなったり深くなったりするのです。

仲間との交流が新たな情報交流につながる

このとき、「できるだけいい仲間とつながり、そういう仲間を増やしていこう」と考えることが大切です。とくに〝大家仲間〟と呼ばれる間柄の人たちとは良好な関係を保つようにしたいものです。

大家にもいろいろなタイプの人がいます。投資家ですから、お金にうるさく、ちょっと偏屈であったり他人の意見に耳を傾けることが少なかったり、やけに理屈っぽかったりするような人もいます。〝物件オタク〟な人もたくさんいて、ちょっとつきあいが悪いような人もいます。一人ひとりは自分ではそう思っていなくても、周囲からそう思われている人もいます。

要はいろいろな人がいるわけですが、みな一人親方的であるのも事実。だからこそ仲間を増やす、自分とウマの合う仲間とつながっていくことが大切なのです。

そうすれば、いろいろな悩みの相談にも乗ってもらえますし、わかる範囲でアドバイスしてあげることもできる。共存共栄につながります。

そのような考えもあり、僕は日本不動産コミュニティーや**不動産投資家育成協会**という組織に属し、名古屋地区でたくさんのセミナーや講座、勉強会を開いています。それも、いわゆる講師業、インストラクターやコンサルタントを自分の収益の柱にしたいという気持ちが強いわけではありません。ただ、単に仲間を増やしたい、それによって自分の不動産投資にもいい影響があれば、と考えているからです。

東京集中ではなく、全国に大家仲間の輪を

東京の中心部だけではなく、地方でも、一人でも多くの不動産投資家に、楽しく充実した大家生活を送っていただきたいわけです。不動産投資家育成協会の認定講師として、自分が情報の発信者になって、大家仲間の輪を広げていきたいと考えています。

その受講生のなかには東海圏を離れた遠方の投資家もいます。もし、その受講生の地域で掘出し物の物件が出れば電話連絡し、情報収集できます。すると、そのエリアのなまの需要情報などを聞き出すこともできるのです。もちろん、その逆のことをしてあげること

もできます。

たとえば、どんな地方都市の駅近物件でも、駅前と駅裏があります。再開発の実現具合によっては、駅裏がやがて駅前になり、かつての駅前が旧市街になるようなこともあるのです。

そのあたりのことを自分で確認しに行って判断しているうちに他の不動産投資家が手付金を入れるかもしれない。そのような情報戦のなかで僕たち不動産投資家は動いているのです。

そうした意味でも、大家にとっていい仲間というのは本当に重要で、そのために僕は自分がやってよかったことは受講生にできるだけ勧めるようにしています。もとより地域性もあるので、すべてが受け入れられるわけではありません。でも、よかったことは伝えていく。そのことが大事だと考えています。

そのような大家仲間からいろいろな声をいただいています。そのいくつかを次に紹介しましょう。

不動産鑑定士大家Sさん（東京）

私はもともと不動産投資に興味があり、最初は自分で調べて知り合った業者から投資用ワンルーム1戸を購入しました。しかし、価格が高いわりにキャッシュフローが非常に薄かったことから、この失敗を巻き返すため成田さんに弟子入りして勉強しました。そのことにより、静岡県と大分県の1棟アパートを同時決済し、2棟の大家になることに成功しました。ついでに今年、不動産鑑定士試験にも合格できました。

成田さんは初見の判断にもとづいて私や他の生徒の方に物件の分析指示をされますので、否応でも物件を見る目が養われていきます。そのなかで生じた疑問点はそのつど質問させていただきましたが、知識や経験にもとづくアドバイスを的確にいただくことができました。

また、豊富な人脈を使って仲介業者や金融機関などのご紹介をいただき、よりスムーズに投資戦略を進めることができました。遠方物件の調査を行った際は、事前にいただいたアドバイスどおりの反応を業者が見せるという奇跡もあり、初心者の私でも安心して話を進めることができました。

また、購入後の経営においても、空室が増えて困った際にご相談したところ、的確なアドバイスをいただくことができ、なんとその翌日には全室に申込みが入り、満室になるというミラクルな体験もしました。成田さんに教えていただくことで、経営できる物件を見抜く目と、物件を実際に経営していく手法を身につけることができました。

松久保 正義 さん（愛知）

僕が成田先生と初めてお会いしたのは、いまから6年ほど前だったと思います。その頃僕はリフォーム会社を立ち上げたばかりでした。

一般家庭のリノベーションを専門に行っていたのですが、ひょんなことからアパート改修の依頼を受け、独学では限界があるのを感じ、しっかり学ぼうとある方から紹介され、受講したのが成田先生の講座でした。

最初は知らない単語ばかりで戸惑いましたが、もともと数字が好きなのと、成田先生が

100室以上経営されている専業大家さんならではの経験談や物事のとらえ方などの話を交えて教えていただけたので、非常に興味深く、わかりやすく学ぶことができました。

そこから賃貸経営の世界の楽しさを知り、ことあるごとに成田先生に教えていただきに行くようになり、深く入り込んでいくこととなりました。

成田先生の所有物件のお仕事をいただいたり、一緒に企画を考えさせていただいたり、仲間の大家さんをご紹介いただいたりして、会社の売上もいつの間にか、一般住宅の割合を超えていき、いまでは建築業（部門）の7割近くが収益物件の建築・改修となっています。

リフォーム業界は業者が急速に増え、いわゆるレッドオーシャンを迎えていました。弊社もその波に揉まれ、あの手この手で集客を掛け、当たったり当たらなかったり、と不安定な経営をしていました。

しかし、成田先生と出会い、師と仰ぎ学ぶことで、「賃貸経営のサポートができるリフォーム屋」の立ち位置を少しずつ確立でき、紹介のみで経営できるまでになりました。

僕自身もようやく物件を買えるようになり、4物件（1棟は建築中）を持つことができました。成田先生との出会いがなければ、ここまでは来れなかったと思います。

いろいろな講座や講師の方がいますが、本当に成田先生の講座を受けて、出会えてよかったと心から感謝しています。

加藤裕也さん（札幌）

成田さんと出会ったのは、いまから10年ほど前、私が不動産会社の管理部門に在籍していたころ、成田さんが購入されたアパートの管理担当者になったことがきっかけです。

当時から、成田さんに対して「入居者さんに対する思いや住環境の改善、空室対策にこんな積極的なオーナーさんがいるんだ！」という印象でした。

というのも、私が担当していた他のオーナーさんには、成田さんのように色々なアドバイスや新しいアイデアを提案してくれるアグレッシブなオーナーさんはほとんどいなかったからです。そのときの成田さんの行動を見て、一つの物件を満室経営するのも、つねに空室があるのも、あらゆる工夫や努力次第だということを学びました。いま思えば、このときの成田さんとの出会いが〝大家になる〟という憧れを持つはじまりだったように思います。

その後、私は保険会社へ転職し、保険の知識を身につけ、「いまなら物件を持ってもやっていけるのではないか」と思い、2014年に1棟目を購入しました。それから現在に至るまで、銀行や公庫からの融資を利用し4棟を購入することができました。ときには成田さんからアドバイスをもらい、満室経営ができています。

いまでは、保険という手段で成田さんにとって有益な商品を提案し、生命保険の依頼を受けています。

私のようなゼロからのスタートでも、大家になることができます。これからも、成田さんとの出会いに感謝しつつ、不動産と保険の両方から社会貢献したいと思います。

第6章

大家として「家族」という資産を活かす

自分の実績という資産を活かす

それなりの会社として不動産投資に取り組んでいる場合を除いて、大家という存在は一人親方的なところがあります。そのため、社員を雇って組織で業績を伸ばしていくという考え方ではなく、自分自身が実績を上げていくことが欠かせません。

不動産投資家は不動産という資産を活かしてお金を生み、さらに前述のように「お金がお金を生むしくみ」をつくっていくことが大切です。そのとき、欠かせないのは実績という資産。そう考えると、まず自分自身が実績を積み、その実績という資産が最大限の結果を生むような取り組みを行っていくことが欠かせません。

自分がまず知恵を絞ろう

そのとき、どのようなことが重要になるのでしょう。一言で述べると、**知恵を絞る**ということです。とくに物件の購入にあたっては、その物件が自分の不動産投資にとって最適かどうか知恵を絞るのです。

たんに自己資金や借入れ可能額、また自己所有する土地の有無だけを考えてマンションの区分所有がいいとか、1棟アパートがいい、と考えるわけではありません。考え方によっては、シェアハウスやマンスリー物件、駐車場や倉庫のほうが利回りがよく、リスクが少ないというケースもあります。さまざまな尺度から比較検討し、最適な投資を行うことが知恵を絞ること、すなわち自分の実績という資産を活かすことになるのです。

銀行融資の際に実感する「実績が資産」

僕のように融資を断られた経験が何度かある不動産投資家にとって、実績が資産であるという感覚は銀行融資を受ける際に如実に感じます。大家はいろいろな数値を見せることができますが、結局、大事なのは次の物件の融資を受ける際のこれまでの実績です。これがあれば、銀行の信頼も得られます。僕は投資、銀行は融資によって、互いに利益を得ることができることがわかるからです。

地道で優秀な人が優先されるのが融資の世界。そこに割って入るためには、自分の実績が資産となり、そのことが評価されるのです。

もちろん、実績としてはきちんと収益を伸ばしてきたことが大事ですし、次の投資物件について、さまざまな角度から調べてくることも大事です。それは買い方を間違えなければ失敗しないという自信に裏打ちされたものでもあります。

きちんと買いさえすれば不動産投資が失敗しない理由は、国と銀行が不動産の価値を認めているからです。不動産の価格は基本、比較できる取引の事例によって成立しています。それが相場というもので、その相場と銀行の担保価値を見る積算価値による計算と、大まかな動向を見る収益還元価値などによってよりはっきりとした価格が見えてくるわけです。

買い値を銀行の担保価値を著しく超えないように買って、コツコツ家賃で回収する。そうすることで動かす金額の割に大損することがまずないようになります。

いろいろな資産のなかで、日本において不動産は担保価値があり、抵当権をつけること で銀行から融資を受け、使用収益を生むことができる唯一の資産です。借金のリスクを理解し、うまく使いこなせば、自己資金だけでは生みだせない収益を叩きだします。お金を借りることは「危ない」と、この考え方に賛同しかねる人もいるかもしれませんが、不動産投資家はみな同じような考えが頭のどこかにあるはずです。

もっとも手堅い投資を自己責任で行っていることに自信をもって、実績づくりに取り組みましょう。

夫婦は家族を運営するパートナー

夫婦は家族の最小単位と考えていいでしょう。その夫婦が円満であってこそ、不動産投資もうまくいくと考えていいのではないでしょうか。

夫婦は家族を運営するパートナー。そのパートナーシップに齟齬があると、結局、誰にも理解されない不動産投資になってしまいかねません。

家族の反対はあなたのことを思っている証

僕の家族は、僕が不動産投資で初めて融資を受けてマンションを1棟買おうとしたとき、反対したことがありました。不動産投資は家族を幸せにする手段であって、投資が目的ではないからです。いまではそんな失敗も懐かしい思い出ですが、多くの人にとって住宅ローン以外に借金をするなんて、常識外なので反対するのも当然だったと思います。

このとき、わたしは二つのことを学びました。「家族は自分のことを思って反対する」ということと「初心者は心配してブレーキをかけてくれる存在も必要」ということです。

しかし、当時の僕は認可外保育所の仕事では将来危ない！　と危機感たっぷりでした。息子の同級生のお母さんが急にフルタイムで働きだし、ママ友から聞いてきたのは、ご主人が病気で仕事ができなくなったという事情です。

そうしたことを聞いたとき、家族は、僕が不動産投資をやろうとがんばっていることに理解を示してくれました。いまや講師の仕事であちこち行ったり好きにさせてもらって、平日に空いていたら、買い物や映画に行ったりと、ゆとりの生活をしています。

平日の素敵なランチはシニアかセレブ妻ばかりで働き盛りの夫婦なんて〝浮いてる感〟がありました。もう慣れましたけどね！

僕は時間がかかりましたが、やり方を間違えなければ危なくないと家族も実感できますよ。率直に、家族がいなかったら不動産投資もつまらないだろうな、と感じます。

アクセルのあるクルマにはブレーキも必要

もし、有利不利だけの観点でとらえれば、独身よりも夫婦、夫婦よりもファミリーであることのほうが融資を受けやすいということはあるかもしれません。夫でも妻でも家族を支えていく人間が大きな額の融資を受けるということは、互いが互いの信用を保証する面もありますし、家庭責任があるため無茶な投資をしないという面もあるでしょう。

そうした家族のブレーキがなければ、爆発的に購入物件が増えていたかもしれません。その一方で、大失敗して立ち直れない状態になっていたかもしれない。

ただ、家族のブレーキはいつも**不動産投資の本来の目的**を気づかせてくれたということもできます。なにも〝不動産王〟になることが目的ではなく、賃貸業で得たキャッシュフローで家族がどう幸せに暮らせるか、ということが大事なのです。

僕もほかの不動産投資家も**幸せなお金持ち**になりたいとは思っても「不幸なお金持ち」にはなりたくはありません。ですから、その幸せを感じられる範囲、僕の器ならその器の範囲で投資を続け、大家であり続けられればいいのではないか、と考えています。

子どもという才能・資産を活かす方法

不動産投資に限らず、投資というものはすべて自己責任です。その考え方からすると、自分以外の人に責任の及ぶような投資は行ってはならず、もし責任の及びかねない投資をするなら家族と縁を切り、独り身になってやるべきだということになります。

しかし、僕の場合は、子どもは自分の不動産投資ではとても支えになってくれました。何より、迷惑・負担をかけたくない、かけられないという気持ちがブレーキになってくれたのです。

じつは親元を離れた大学生の息子は、僕が区分所有で購入した都内のマンションに住んでいます。都内のマンションの区分所有という投資手法を実行するきっかけをつくってくれたということもできます。

子どもが大学に通うために親がマンションを買い与えたとなれば、「ちょっと甘やかしすぎじゃないの?」という声もあるでしょう。僕もそう思います。一方で、同じようなマンションを賃貸した場合、僕が名古屋から東京に来てセミナーなどをするときの自宅事務所として利用すること、息子が大学を出たあと、息子と僕のそのマンションの活用方法などをトータルに勘案すると、「いま、投資しておくほうが得策だ」と考えたわけです。

子どもという才能・資産をどう活かしたらよいか。少しニュアンスは異なるかもしれませんが、新しい投資手法のきっかけをつくってくれるということはいえそうです。

子どもはいつも反抗期でいい

僕の子どもは男一人・女一人で、娘はもうすぐ高校生になります。反抗期という言葉は悪いととらえられ方が多いようですが、自分の意見をもっているともいえます。どこの親も同じでしょうが、親の仕事をどこまで理解してくれているのかは何ともいえません。きっと、息子と同様に、幼い頃は「ウチのお父さんは、毎日家にいて、どんな仕事をしてるんだろ?」くらいに思っていたのかもしれません。

これは、家族持ちの若い大家のちょっとした悩みです。朝、ラッシュに揺られて通勤するふつうのお父さんとは生活スタイルが違う。平日、家にいたり近所を散歩したりしていると、「若いのに、リストラされたのかしら?」と近所の奥さま方に噂されるようなこともあり得ます。

ふだん夫はほとんど家にいない他の一般的な夫婦・家族とは生活スタイルが少し違い、接点も多い。子どもにしてみたら、「うっとおしい」と思うこともあるでしょう。

でも、僕は子どもはずっと親に対しても、さらに社会に対しても少しくらい反抗的であっていいと思っています。そのほうが、〝つつがなく〟巣立ってくれます。

いまの時代、30歳、40歳になっても親元を離れず親の庇護のもとで暮らしている人もたくさんいます。それぞれの人にそれぞれの事情があるはずなので、軽々には論じられませんが、その状況は社会全体として好ましいということはできないでしょう。やはり、どんな貧乏をしても、大人になれば独立し、自活していく術を身につけていくべきです。

僕も偉そうなことをいうつもりはありませんが、その自活の路を不動産投資に求め、いまは十分な生活を送れるようになってきました。家族がその原動力になってくれました。

だからこそ、僕の子ども世代の若い人たちには、反発心をもって親元を飛びだしていただきたいと願っています。

親としては、子どもがいるからがんばれる。このことはどんな親にも共通していることではないでしょうか。その健全な危機感をつねにもっていることは大切だと思います。そこから眼をそらして不動産投資に熱中しても、成果が得られないばかりか大失敗してしまう。それは不動産投資にかぎらず、どんなことでも同じだと思います。

子どもと一緒に体験する資産

家族というものは僕の不動産投資の原動力にもなってくれますし、ときにブレーキにもなってくれます。そのときどきに応じて、大事な役回りを担ってくれているのです。

ならば子どももある程度の年齢になったら、親が行っている不動産投資に関わってもらうのも悪くはありません。

いちばん身近な方法は、物件の下見に一緒に行ってもらうことです。下見はただ概観を眺めるだけのときもあれば、仲介会社の人に案内してもらうこともあります。案内されれば、室内を見せてもらったりもします。そのとき、自分だけの考えではなく、子どもの目線でよい物件かどうか、忌憚なく意見を交わせるのです。

「お父さん、ここはよくない。リフォームしても誰も住んでくれないかもね！」

「いいけど、この鍵じゃOLさんは不安だと思うよ」

「近くにコンビニもないよね。どこで飯買うの？」

「僕が大人になったら、ゼッタイこんなところに住みたい！」

「いまどき小さな部屋が二つ、三つより、ベターッと広いリビングだよ」

子どもたちは、遠慮なしに意見をしてきます。それが楽しいのです。

遠方にある物件を下見に行くときは、ちょっとした旅行気分にもなれます。

子どもの意見で部屋やリフォームの内容を決めるわけではありませんが、購入した物件に入ってもらう入居者は僕より子ども世代に近い人も多いはず。ならば、子どもが「ヤダな、この部屋」といった物件に入居者がカンタンにつくことは考えにくいでしょう。そのためのご意見番なのです。

そのほか、物件回りのちょっとした片付けを手伝ってもらったりなど、やってもらえることはたくさんあります。子どもに親のどんな仕事に就いているかを理解してもらう意味でも、子どもと一緒に不動産投資、大家業を体験するのは、じつは大事なことなのです。

将来を考えたら家族で資産を守る

不動産投資は息の長いビジネスです。他の投資とくらべて大きく損をすることは少ないのですが、短期的に大儲けすることもまずありません。短期的なソントクが問題になるケースは、それこそ購入した物件を短期で転売して、キャピタルゲインを得られるかどうかというときくらいです。インカムゲインの裏打ちもないまま、サヤを狙うと、読みが外れたとき、失敗する確率がどうしても高くなります。バブルが弾けるたびに消えゆく投資家のパターンです。長く生き残っている不動産投資家はみなさん、大家業を営みながら地道に稼いでいる人が多いのです。

それは、10年先、20年先、さらにもっと先の将来展望を踏まえつつ、保有資産を守り、活かしていくことを考えることにほかなりません。すると、不動産投資をはじめた年齢にもよりますが、投資家が高齢になったときにどうするかということを頭の隅に置いておく必要があります。

子どもたちも、できる範囲で活かしてくれるはず

不動産投資家が資産を持ち続け、高齢になれば、好むと好まざるとにかかわらず相続の問題が出てきます。登記上、どのような対応が望ましく、税法上どのような対応が得策かは個別ケースによりますので、ここでは、**不動産投資家であり続けるかぎり、自分の高齢化と相続の問題にはいつか直面する、と考えておくことが大切**という指摘に留めたいと思います。

僕個人の考え方は、僕が対応できるうちは必要な資産は持ち続け、基本は相続なんかさせずに「買ってもらおう」と考えています。

なぜなら、不動産投資は安定的に行えば、サラリーマンの副業でも、主婦の副業でも対応可能だからです。

しかし、それでも経営である以上、向き不向きはあると思います。向いている、能力が

ある子が買い取れば、ゼロからはじめる投資家よりはるかに有利に不動産投資の分野にエントリーできて、結局、相続税もかかりません。一方、向いていない子に器を超えた資産を持たせても、あっという間に散財して終わるでしょう。

先代が税金を払って貯めた資産に相続税という高額な税金をかける国は稀で、問題です。でも、それ以上に金持ちが3代続かないのは、引き継ぐ子どもや孫が資産を維持する能力がないからです。

いつの時代もゼロから富を得る人はいます。3代続かないというのは、その逆です。ただし、親として子どもに少しでも有利にしてあげたいという気持ちもあります。もし子どもが大家業に向いていなくて、子ども自身もイヤなら、残債以上で売却できる「負けない状態」をつくっておき、不動産を売却して現金化すればいいのです。

これは、自分だけで不動産投資のゴールを決めるという考えではなく、家族で資産を守り、活かすことを考えるということです。前項で子どもと一緒に資産というものを体験することの意義をお伝えしましたが、その意義はここにもあるのです。

きっと息子は大学を卒業したらどこかの会社に勤めるでしょう。僕のように中途半端に勤めたり、独立起業してみたり、フリーターのような生活になったりする可能性は低いはずです。だとしたら、勤め人になっても不動産の維持管理はできるはず。本人がそれを求めればやってくれるはずです。

その頃にはいまとは働き方もずいぶん変わっているでしょう。副業はもちろんのこと複数の会社に雇用されて、さらに自分でいくつかのビジネスを自営していることがあたり前になってくる可能性もあります。

娘も同様です。実数ははっきりわかりませんが、若い女性の不動産投資家もずいぶんと増えてきたように思います。きっとそういう女性が結婚して専業主婦になっても不動産投資をして、どこかのアパートの大家さんであるケースも徐々に増えてくるでしょう。女性もいまのように、パートの働き口がないとか在宅では稼げないとあくせくしたり、配偶者控除のメリットがなくなるなどと気を揉んだりすることなく、できることを存分にやっていける社会になっているはずです。

いま不動産投資をやっている方はもちろん、これから不動産投資をはじめる方も、不動産投資は長期的な視点で取り組んでみてください。と同時に、自分にとっての〝出口〟を考えておくことも欠かせません。そして、それは自分だけで考えるのではなく、家族で一緒に考えるということも忘れずに！

成田 勉（なりた・つとむ）

不動産実務検定講師
不動産投資家育成協会認定講師
J-REC 公認コンサルタント
良質計画合同会社代表

1966年生まれ、名古屋市出身。不動産投資家として多くの手法を実践し、総投資138戸、現在8棟98戸の家賃年収は9000万円。ゲストハウス「みゆき旅館」経営。「家主と地主」オーナーズコラム執筆。全国で講演家として活躍。賃貸住宅フェア、エイブルオーナーズセミナー、岡山大家塾、東京大家塾、広島大家塾、福山大家塾、北海道大家塾など講演実績多数。元認可外保育園園長、トマス・ゴードン博士の親業訓練講座、岸英光のコーチング、家庭心理学を学び、多くの子育て経験から「子どもがイキイキ伸びる方法」を提唱する。

高校中退父さんの みるみるお金が増える 不動産投資の授業

2018年2月19日　初版第1刷
3月10日　初版第4刷

著者　成田《なりた》 勉《つとむ》

発行人　松﨑義行

発行　みらいパブリッシング
東京都杉並区高円寺南4-26-5 YSビル3F 〒166-0003
TEL03-5913-8611　FAX03-5913-8011
http://miraipub.jp　E-mail：info@miraipub.jp
発売　星雲社
東京都文京区水道1-3-30 〒112-0005
TEL03-3868-3275　FAX03-3868-6588
表紙絵・挿画　ハシモトジュンコ
企画協力　インプルーブ 小山睦男
編集協力　Jディスカヴァー 城村典子
取材協力・DTP　菱田編集企画事務所
装幀　堀川さゆり
印刷・製本　株式会社上野印刷所

ISBN978-4-434-24333-2 C0034